EL PODER DE LA DIFERENCIA

MYRTHA B. CASANOVA

PRÓLOGO DE Mª JESÚS PRIETO-LAFFARGUE

EL PODER DE LA DIFERENCIA

LID

MADRID | CIUDAD DE MÉXICO | BUENOS AIRES | BOGOTÁ
LONDRES | NUEVA YORK
SHANGHÁI | NUEVA DELHI

Colección Acción Empresarial de LID Editorial
www.LIDeditorial.com

A member of:
BPR
businesspublishersroundtable.com

EAN-ISBN13: 978-84-18757-04-4
Directora editorial: Laura Madrigal
Corrección: Cecilia González Godino
Maquetación: produccioneditorial.com
Diseño de portada: Juan Ramón Batista
Impresión: Cofás, S.A.
Depósito legal: CO-618-2021

Impreso en España / *Printed in Spain*

Primera edición: junio de 2021

Te escuchamos. Escríbenos con tus sugerencias, dudas, errores que veas o lo que tú quieras. Te contestaremos, seguro: info@lidbusinessmedia.com

A mis queridísimos hijos, Javier y Mario, por lo mucho que he aprendido de ellos y porque me han permitido compartir sus vidas.

A mis nietos adorados, Federico, Daniela y Alejandra, confiando en que, gracias a la formación en amor y sabiduría que reciben, aprendan a vivir en el mundo tan diferente donde les tocará desarrollarse personal y profesionalmente.

A mi nuera María, a quien no tengo cómo agradecerle la bellísima familia que ha contribuido a construir y la generosidad de mandarme cada día un álbum virtual de fotos de mis nietos.

Y a todos los lectores.

ÍNDICE

SEGUNDA PARTE

AGRADECIMIENTOS

Para que este libro se hiciera realidad he tenido el privilegio de contar con personas de referencia para mí, como María Jesús Prieto-Laffargue, John Naisbitt y Jim Garrison, así como con colaboradores y amigos muy especiales, como Gonzalo Sánchez, Óscar Palomino, Sara Berbel, Elizabeth Trallero, Jude Smith Rachel y Margareta Eklund, que dirigieron el Instituto Europeo para la Gestión de la Diversidad (IEGD) siempre sobre bases científicas para cumplir con la visión y misión que nos planteamos. Ricard Armengol, Pedro Marcet, Jon Packer, Rolf Benzian, Manuel Barriga, Alex Valls, Eduardo Martínez de la Fe, Elvira Vázquez, Josi Hernansaez, Silvia Vilches, Cecilia Kindelan y José Ramón Calvo, que me han acompañado a lo largo de tantos años de vida profesional. También me gustaría mencionar a ASODAME, EVAP, Mujeres&Cia, Agima Eventos, Tendencias21, Club Segle XXI, asociaciones que me han premiado y me han dejado participar en sus proyectos. A John Caswell, que me seleccionó en 1968 para fundar Stanhome en España y a las 50 000 mujeres que tuve el placer de impulsar hacia una vida profesional en aquella época. A todos y todas y más, agradezco la aportación que me han hecho a lo largo del tiempo.

Por último, quiero dar las gracias a Editorial Almuzara y a Manuel Pimentel, por su confianza en publicar *El poder de la diferencia*, un imperativo social, económico y legal para liderar hoy y hacia el futuro.

PRÓLOGO

Nueva Delhi, 2007, elecciones a la presidencia de la Organización Mundial de la Ingeniería. Cuando una asamblea de más de 600 delegados, ingenieros de todas las especialidades, representantes de las asociaciones profesionales de ingeniería de África, América, Asia, Europa, la Commonwealth y los países árabes, me eligieron presidente, me convencí del significado de la diversidad de personas. Me convencí del aserto «el poder de la diferencia».

Tomé conciencia de la necesidad de aprender a gestionar las inquietudes, los talentos prácticos, los sentimientos, las culturas... abismalmente diferentes de cada uno de los delegados si quería llevar a buen puerto los objetivos de mi programa tras unas elecciones tan reñidas.

Inmediatamente recordé a Myrtha Casanova. Yo había conocido a la autora del libro que hoy tengo el honor de prologar en 1991. Entonces, un profesor de la Escuela de Negocios de la Universidad de Navarra (IESE), donde ambas habíamos cursado el Programa de Alta Dirección de Empresas (PADE), me habló de ella como una referencia europea en materia de diversidad. Recuerdo que le pregunté: «¿Y qué significa realmente la diversidad en la gestión de empresas e instituciones?, ¿es una rémora o aporta valor? ¿De qué hablamos cuando nos referimos a la diversidad y a su poder para mover el mundo?».

Yo, ingeniero de telecomunicaciones, estudiosa del efecto de las tecnologías de la información sobre los cambios vitales y organizacionales, había seguido las líneas de investigación sobre esta temática iniciadas en la segunda mitad de la década de los ochenta, que comenzaban a cristalizar a principios de los noventa. Me abrumaban la abundancia de literatura y la falta de casos prácticos para acotar las múltiples dimensiones de la diversidad.

«Myrtha Casanova —me dijo el profesor— te dará las respuestas. Te orientará, te aportará luz. Habla con ella. Debate con ella. Myrtha acumula un conocimiento práctico muy singular por su gran experiencia». Y así fue. Hoy todo ese conocimiento, querido lector, se materializa en el libro que tienes en tus manos.

La diversidad, nos recuerda Myrtha, «es la propia naturaleza de la humanidad» y «su gestión es un factor crítico para el progreso, un recurso que debe ser parte fundamental de una estrategia enfocada a la creación de un desarrollo inclusivo que comporte beneficios sociales y económicos».

El poder de la diferencia introduce un tipo de diferencia que se extiende a la biología, a la sexualidad, a la lingüística, a la religión, a los modos de fabricación, a los clientes, a los proveedores, a las fuentes de financiación, a las tecnologías utilizadas, a las capacidades de cada una de las personas... y es en esa diferencia donde radica la potencialidad del progreso. Potencialidad amplificada por la globalización y posibilitada por la madurez de las tecnologías de nuestro tiempo.

Todos dependemos de todos. Cada forma de vida depende de otras formas de vida para avanzar y solo desde un conocimiento del valor de esa diversidad y de la capacidad para integrar visiones distintas se podrá encontrar solución a las tres, cuatro, grandes cuestiones a las que se enfrenta hoy la humanidad.

No olvidemos que, gracias a las tecnologías de la información, todos estamos enterados del destino de todos.

El poder de la diferencia. ¿Cómo podemos medir la diferencia? ¿Cuál es el coste de no gestionarla e incurrir en conflictos? ¿Cuál es el coste de la no inclusión? ¿Cómo lo están haciendo las empresas de referencia? Myrtha Casanova lo analiza y responde en su libro.

El poder de la diferencia es, yo diría, un tratado, un libro de texto, académico, quizás algo «tedioso» por la minuciosidad con la que expone la evolución del concepto y su análisis de las distintas dimensiones que forman la diferencia. Myrtha se entretiene en todas ellas, pero no tengas temor, querido lector, pues cada capítulo puede ser leído independientemente. Podrás detener la lectura y retomarla con igual interés, porque es también un manual práctico, repleto de casos concretos con los que la autora contrasta sus reflexiones.

Myrtha recuerda que, aun cuando se habla de la ciencia de la diversidad, no existe todavía consenso en la comunidad académica ni científica sobre los procedimientos, metodologías, métricas para su valoración, ni sobre las correlaciones entre formas de gestión y sus resultados. Por ello, cuando la autora de este libro fundó el Instituto Europeo para la Gestión de la Diversidad, voces autorizadas de todo el mundo alabaron la iniciativa.

Su puesta en marcha vino a cubrir una ausencia destacable, sobre todo en Europa, que ya no debía demorarse. A las grandes cuestiones a las que se enfrentaba —sostenibilidad del desarrollo, disparidades demográficas, desequilibrios en la presencia de la mujer en determinadas actividades económicas y la urgente transformación que venía de la mano de las tecnologías digitales— se sumaba la urgencia por analizar las formas más eficaces de gestionar la diversidad, de convertir la diferencia en un factor positivo, palanca de la innovación y del progreso inclusivo.

Ese fue el motivo para la creación del instituto y la redacción del libro *El poder de la diferencia*, que materializa su saber hacer y es compendio de su razón de ser. Aun cuando en algunos considerandos se disienta de la autora, es apasionante adentrarse en su lectura. El bagaje que aporta guiará al lector y responderá a sus inquietudes de cómo actuar en una materia que, aunque es eterna para la humanidad, hoy es parte consubstancial de nuestra existencia.

Os animo a leerlo. No os defraudará.

María Jesús Prieto-Laffargue
Ingeniero de Telecomunicación (UPM),
y doctor *honoris causa* (UPLL);
presidente del Instituto de la Ingeniería de España (2000-2004) y
académico de la Academia Panamericana de la Ingeniería.

NOTA DE LA AUTORA

«No puedo resolver problemas con las mismas herramientas usadas para crearlos» dijo Albert Einstein con gran acierto, como siempre. Einstein invita a mirar al pasado para conocer las causas que han llevado a la humanidad a su actual situación irracional y convulsa. Es imperativo crear metodologías para detectar las causas e identificar soluciones que ayuden a la humanidad a avanzar hacia un nuevo orden sostenible que las personas sepan gestionar.

La megadiversidad de las personas —que hoy opera a nivel local, cuando antes solo lo hacía a nivel global— obligaba a gestionar estas diferencias demográficas y culturales en todos los ámbitos tanto personales y profesionales, como valor y no como fuente de conflicto. El desarrollo inclusivo regional es una importantísima labor a la que la Intercultural Cities Network, proyecto creado por el Consejo de Europa y la Comisión Europea, contribuye de forma muy efectiva a nivel global, al igual que la consultora Innova-Humana lo hace a nivel local. En España, el Ministerio de Igualdad y Seguridad, así como el Ministerio de Trabajo y Asuntos Sociales a través del Observatorio Español contra el Racismo y la Xenofobia (OBERAXE) han desarrollado una magnífica labor de seguimiento en apoyo de los colectivos más desfavorecidos.

El eje principal de toda la actuación del Instituto Europeo para la Gestión de la Diversidad (IEGD) ha sido siempre la investigación, dirigida por el doctor Gonzalo Sánchez, decano de la Universidad de Cádiz. Así pues, las referencias derivadas de estudios son resultado de proyectos de investigación que se han realizado para diferentes entidades públicas y privadas desde el 2000, aunque no se mencione específicamente en cada caso la fuente de cada información citada. Otras aportaciones universitarias para preparar a los líderes del futuro se concentran en Ubiquity University, Universidad de Lausanne, Kellogg School of Management, IESE Business School y EADA Business School, entre otras instituciones, por su inestimable labor docente. También cabe mencionar la acción continua que realiza Tendencias 21, canal de divulgación mundial de ciencia e innovación tecnológica, que incluye la diversidad como ciencia, y Abundant Sun del Reino Unido, que aporta programas para combatir sesgos inconscientes y fomentar la inclusión de las diferencias.

Este libro es un documento que recoge experiencia acumulada a lo largo de más de 40 años con relación al estudio e implementación de políticas de inclusión y de diversidad a nivel global. Para facilitar su comprensión, se ilustra cada aspecto con casos y buenas prácticas de empresas y entidades privadas y públicas que han puesto a prueba el valor de las políticas de diversidad para un desarrollo sostenible. Empresas como Google, Twitter, IBM, Xerox, Nestlé, Sodexo, HENKEL, DHL, L'Oréal, Coca-Cola, Lucent Technologies, AMWAY, Tupperware, Avon, ABB, Air Products, Hewlett-Packard, Apple, Siemens, Accenture, Coral Hotels, MRW, IKEA, Deutsche Bank, ProvitalGroup, Grupo SIFU, TMB y otras muchas cuyas buenas prácticas prueban cómo sus políticas de inclusión contribuyen a su cuenta de resultados. Otros magníficos ejemplos de políticas avanzadas que potencian la diversidad son las desarrolladas por entidades muy relevantes, como PricewaterhouseCoopers, Adecco, The Equal Salary Foundation y ASTI Talent & Tech Foundation, que impulsa el rol de la mujer en la tecnología con proyección global. Este libro sugiere un modelo para la implementación corporativa de la gestión de la diversidad y la inclusión (D&I), y sirve hoja de ruta y recordatorio del proceso que conviene seguir a lo largo de su implementación.

La Declaración Universal de la Unesco, incluida en el anexo final del libro, identifica la diversidad como Patrimonio Cultural de la Humanidad el 2 de noviembre del 2001, certificando definitivamente la imperiosa necesidad de gestionar la inclusión de la diversidad para avanzar hacia un mundo en continua transformación e innovación para ser sostenible.

PRIMERA PARTE

1. HISTORIA DE LA DIVERSIDAD: FUENTE DE CONFLICTOS Y DE INNOVACIÓN

Cualquier tiempo pasado no ha sido ni mejor ni peor... Simplemente ha sido diferente. «Mejor» significa, para las personas que valoran lo duradero, una casa para toda la vida, un trabajo para toda la vida, una afición para toda la vida, mientras que «peor» es, para aquellas personas con temor a los cambios, la rapidez del progreso tecnológico, la comunicación virtual y su creciente número de aplicaciones, coches que vuelan, drones que sustituyen a personas en labores de rescate o que entregan paquetería en zonas rurales, nanotecnología diseñada para intervenciones quirúrgicas, exploración espacial, movilidad física y virtual a la hora de conocer otros países y culturas... Los tiempos pasados habrán sido tediosos para quienes aman el cambio, no le temen a la innovación y, en general, detestan la rutina. Este es el perfil de la ciudadanía del siglo XXI en adelante. La diversidad es la propia naturaleza de la humanidad y, por lo tanto, es la naturaleza de los escenarios globales y locales de ayer, hoy y mañana.

Es fácil entender y usar lo que se conoce; lo difícil es identificar sus causas y luego predecir sus efectos. Darwin, con su teoría de la evolución social, abrió el horizonte para que en 1850 el mundo científico comenzara una intensa actividad investigadora. Inspiró a científicos como Abernathy y Utterback, que identificaron la diversidad como el factor crítico que singularizaría el siglo XXI.

Fue entonces cuando el mundo corporativo de Estados Unidos, bajo la experta organización de The Conference Board, mediante una metodología de panel, organizó la investigación sobre el impacto de la diversidad en las empresas.

The Conference Board es una organización sin ánimo de lucro que se fundó en 1916 y que en la actualidad está integrada por más de 1200 corporaciones públicas y privadas y está presente en 60 países del mundo. Estudia, analiza y propone soluciones para optimizar los recursos que constituyen la base de cualquier empresa o institución. Estos recursos que monitoriza constantemente son: tecnología, finanzas y personas. Durante el siglo XX, el mundo corporativo estadounidense hizo grandes progresos en el desarrollo y aplicación de las nuevas tecnologías, lo que causó un enorme salto cualitativo. Lo mismo sucedió con la gestión de las finanzas, que contribuyó de forma definitiva al crecimiento nacional e internacional de las empresas.

Resultaba imperativo analizar por qué la gestión de los recursos humanos no estaba contribuyendo con el mismo grado de eficacia que los recursos tecnológicos y los recursos financieros a los resultados corporativos. La política corporativa tradicional se basaba en segmentar a las personas por sus diferencias (con respecto a la «norma» de la empresa) para entonces diseñar «acciones positivas» y tratar de neutralizar problemas específicos de esos grupos de personas «diferentes» que afectaban a la eficacia de la organización.

Sin embargo, esta política no dio los resultados esperados para la mejora de la productividad corporativa; más bien, creaba crecientes conflictos. El resto de la plantilla se cuestionaba por qué no podían disfrutar de programas igualmente adaptados a sus necesidades. Y es que la fuerza laboral de cualquier empresa ya es diversa de por sí; porque las personas son diversas por naturaleza. La «cultura corporativa» tenía que aprender a incluir, no a segmentar, a todos sus componentes para lograr una nueva estructura que generase innovación y eficacia, Una estructura que contribuyese a la efectividad de todos al proceso y, por lo tanto, a la cuenta de resultados de la organización.

Con este objetivo como meta, The Conference Board creó un panel donde participaron las quinientas empresas *Fortune*, así como figuras relevantes de la comunidad científica, económica y académica del país. A lo largo de ese diálogo continuo que duró 10 años, compartiendo ideas y experiencia, se pusieron en práctica ensayos de todo tipo de programas para alcanzar estos objetivos de inclusión con el objetivo de estimular la capacidad de innovación y la eficacia de la organización. Y se pasó de la segmentación por diferencias a entender que todas las personas son diversas de una u otra forma y que la estrategia consiste en reconocer y respetar sus diferencias para gestionar y potenciar la inclusión de todos. Nació la gestión corporativa de la diversidad. Las empresas que participaban en el panel empezaron a nombrar altos ejecutivos que lideraran un equipo responsable de identificar, gestionar y potenciar la diversidad en la empresa. En el organigrama corporativo, esta persona respondía y sigue reportando de forma directa al CEO o consejero delegado de la organización, generalmente con el cargo de vicepresidente. Porque la gestión de la diversidad no es una política que ataña a un área o actividad específica de la empresa; es la transformación del comportamiento de todos los miembros de la organización hacia la aceptación, el respeto y la inclusión de las diferencias de los demás. El objetivo es garantizar el desarrollo sostenible del conjunto de la entidad en el presente y hacia el futuro.

La comunidad científica abrió el camino cuando en los años cincuenta y sesenta del siglo XX identificó la «diversidad» como el que sería el factor diferencial del siglo XXI, y el mundo académico se vio obligado a generar conocimiento sobre este factor desconocido hasta el momento, definiéndolo como un elemento imprescindible para la gestión de organizaciones de todo tipo. No solo se desarrolló conocimiento, sino que también se crearon modelos que servirían de guía para que los líderes de las organizaciones establecieran esta política a nivel corporativo. Esta política y estrategia se basa en la transformación del comportamiento relacional (interpersonal) de todos los integrantes de la organización para crear una entidad inclusiva. Esto es, una organización formada por personas de todo tipo que, con sus diferentes aportaciones, experiencias y esquemas mentales, creen una dinámica de innovación capaz de avanzar hacia la sostenibilidad de la empresa en escenarios convulsos y cambiantes. El modelaje de estrategias para la inclusión de la diversidad se convirtió en un tema prioritario de investigación, estudio y pilotaje en el mundo académico avanzado.

El primer estudio mundial sobre las prácticas académicas en el ámbito de la diversidad como estrategia corporativa se realizó en 2003 en la Universidad de Cádiz bajo la dirección científica del doctor Gonzalo Sánchez Gardey y tuvo como objetivo identificar las universidades que estaban impulsado la investigación sobre el impacto de la diversidad en los procesos productivos, así como los proyectos académicos que se estaban impartiendo para preparar a los futuros líderes para la gestión eficaz de empresas. Solo el 3 % del mundo académico tenía algún tipo de actividad relacionada con la diversidad.

Como el currículum académico hasta entonces no incluía la enseñanza o una asignatura sobre gestión de la diversidad y no había ninguna facultad dedicada al estudio y creación de conocimiento sobre el tema, los estudiantes no ejercían la práctica de la inclusión y la diversidad como disciplina básica en su actuación organizacional al integrarse en empresas privadas y públicas. La Comisión de la Unión Europea prestó mucha atención a la disfunción de este escenario, en especial la Dirección General de Trabajo y Asuntos Sociales, que estableció una directiva en el año 2000 sobre la inclusión de la diversidad como política social y legal en la Unión Europea. La DGV decretó que la discriminación, o sea, el incumplimiento de la directiva de 2000, se penalizase por ley en todos los Estados miembros de la Unión Europea antes del año 2010.

En 2008, el Instituto Europeo para la Gestión de la Diversidad, de la mano de European Academy of Business Society (EABIS), EIM Business & Policy Research, la organización para la investigación de pymes, y Focus Group (UK), llevó a cabo una gran investigación en toda la Unión Europea para la DGV. El objetivo era analizar la sensibilización y la implementación de políticas de gestión de la diversidad por los diferentes agentes en la Unión Europea. El 63 % del mundo corporativo europeo había implementado alguna acción relacionada con la inclusión de la diversidad y la antidiscriminación, aunque solo el 0.3 % la convertía en política corporativa. Las pequeñas y medianas empresas de la UE tenían solo un 5 % de conciencia sobre la importancia de las diferencias de sus personas. Gravísimo hallazgo cuando el 92 % de las empresas de la Unión Europea son pymes y generan el 99 % de los puestos de trabajo. Por su parte, el 9.7 % del mundo académico incluía la diversidad como parte de sus investigaciones y desarrollo docentes, un incremento esperanzador en comparación del 3 % en 2003 de universidades activas en enseñanzas sobre la diversidad.

Desde el año 2000, la Red de Investigación de Diversidad en Organizaciones, Comunidades y Naciones ha ido cerrando esta brecha. Se trata de una red internacional de universidades con una historia consagrada a académicos, gobiernos y estudiantes que desarrollan actividades prácticas con un interés en común por las cuestiones relativas a la diversidad y a la comunidad. Además, publica una revista que divulga publicaciones científicas y organiza un congreso anual donde representantes de estas universidades de todo el mundo debaten e intercambian buenas prácticas en la creación de proyectos de investigación que sirven de base para el desarrollo del conocimiento aplicado a la educación en diversidad como clave para la sostenibilidad de empresas e instituciones, propiciando una sociedad globalizada en los nuevos escenarios cambiantes. Esta organización defiende una noción de diversidad que contemple sus diferentes matices demográficos y culturales, así como los efectos y el uso de la diversidad en las diferentes comunidades en la era de la globalización. El comité científico lo presiden la doctora Carmen Miguel Vicente y la doctora Mª Ángeles Medina Sánchez, de la Universidad Complutense de Madrid, la Universidad de Jaén, Castilla la Mancha, Salamanca, Murcia, Zaragoza, Chile, México, Italia, Portugal, Italia, Estados Unidos, India, China, Canadá, Australia y Austria, entre otras. El proyecto también estudió el impacto de la diversidad en la creatividad y la innovación de instituciones de todo tipo. Y el resultado fue determinante. El 80 % de las empresas encuestadas admitían que su capacidad creativa e innovadora se la debían a sus equipos diversos de trabajo. Otro de los resultados del proyecto, «Continuing the Diversity Journey», fue el lanzamiento de los chárteres de la diversidad, una carta que las entidades de cada país se comprometen a establecer y a partir de la cual divulgan políticas de inclusión en sus empresas y hacia sus agentes externos. El objetivo indiscutible de la Comisión es potenciar como factor crítico la diversidad existente en Europa.

El logo de la Unión Europea —rectángulo azul con doce estrellas— tiene una connotación temporal: el reloj que marca el tiempo, el momento para la Unión. También tiene una bandera con el mismo logo; un himno, el «Himno de la alegría» de Beethoven; y un lema: «Unidos en la diversidad», que fue resultado de concurso convocado por la Comisión a universidades de toda Europa para que los jóvenes mandaran la frase con la que les gustaría definir lo que significa la Unión Europea. «Unidos en la diversidad» fue la frase premiada, muy apropiada para los objetivos del espacio de paz, diálogo y construcción de la Unión Europea.

2. LA NATURALEZA DE LA HUMANIDAD: ROLES CAMBIANTES DE HOMBRES Y MUJERES

La diversidad es la naturaleza de la humanidad porque los perfiles de hombres y mujeres que conforman la humanidad tienen rasgos altamente diferenciales. Y lo mismo ocurre con la estructura, el comportamiento y los resultados de las agrupaciones que la forman, así como de las entidades que generan y las herramientas que construyen. Este conocimiento se ha convertido en axioma de todo lo que rodea a la humanidad, porque la globalización ha acercado a las gentes con todas sus diferencias, para actuar en un espacio único dinámicamente diverso y en continua transformación.

En las décadas de los cincuenta y los sesenta, la comunidad científica estableció que la diversidad sería el factor distintivo del siglo XXI, con Albermathy y Utterback a la cabeza, entre otros. Así, se fundó una ciencia, un conocimiento que sería crítico comprender y gestionar en el avance hacia un futuro sostenible. En los años ochenta, la comunidad científica —Johnston y Packer (1987), entre otros— no solo ahondó en el conocimiento sobre la diversidad, sino que estableció que sería responsable de la generación de conflictos globales, locales y grupales del siglo XXI. Posteriormente, en los años noventa, profundizando en sus consecuencias, las investigaciones de Cox y Blake identificaron la diversidad como generadora de innovación y, por lo tanto, de eficacia en las organizaciones, siempre que se lograsen implementar políticas inclusivas para potenciar el valor de la diferencia con el objetivo de convertirla en una ventaja y no en una amenaza.

El 20 de mayo de 2003, el profesor Di Stefano de la Universidad de Lausanne y su equipo presentaron los resultados de su proyecto de investigación que confirmaron plenamente las propuestas del mundo científico. Efectivamente las personas cuando actúan en grupos tienden a la creación de conflictos, mientras que los equipos inclusivos generan innovación y desarrollo. Esto influiría de forma muy determinante en las decisiones de empresas e instituciones para la implementación de políticas de diversidad e inclusión. Cultural Mapping (Mapas Culturales) tomó como referencia 72 grupos de ejecutivos operantes en entornos internacionales complejos y seleccionó cinco países para la muestra: Estados Unidos, México, Japón, Alemania y Canadá, por su diversidad cultural e influencia en los entornos globales.

Los estereotipos que condicionan la actitud de inclusión o exclusión de los adultos se adquieren en la niñez. No se aprenden, sino que se absorben y se asumen, porque los niños tienden a repetir e imitar el comportamiento de quienes les rodean: familiares, escuelas y entorno externo inmediato. Los niños asimilan y asumen lo que es el bien y el mal, lo bello y lo feo, lo que se hace y lo que no se hace, a quién acepta la familia y a quién discrimina. Y sin saber por qué, asumen y proyectan este comportamiento hacia los demás, un comportamiento que luego les acompaña toda la vida. Aunque de adulto es difícil cambiar estos estereotipos, si en la niñez la familia rechazaba o evitaba la presencia de personas de otra etnia, esta persona adulta tendrá una primera reacción de rechazo al enfrentarse a un compañero de trabajo de otra etnia, sin siquiera haberle dado la oportunidad de conocerle mejor y de juzgar sus cualidades. Este asunto es de extrema gravedad y pone en riesgo continuamente la eficacia de las comunicaciones interpersonales, que son básicas para el desarrollo del proceso interno de cualquier tipo de empresa, entidad o grupo de personas.

Imaginemos un niño nacido en China y que a los dos o tres años habla mandarín. Ahora, un niño nacido en Alemania que a los dos o tres años habla alemán. Por último, un niño nacido en China que se cría en Alemania desde que tiene un mes, pero que a los dos o tres años habla alemán. No lo ha aprendido activamente, ni lo ha estudiado, sino que lo ha absorbido y formará parte de su inteligencia el resto de la vida. La persona toma partido de forma inconsciente, basándose en el conocimiento y comportamiento que se le marcó en la niñez. Y esa toma de actitud inconsciente hacia los demás trae consecuencias fundamentales que condicionan la vida social y profesional de las personas en su vida adulta. Investigadores como la doctora Jennifer Eberhardt o expertos en diversidad como Howard Ross lo explican claramente en sus libros.

Por lo tanto, para modificar los estereotipos adquiridos es conveniente impartir programas de concienciación y sensibilización a toda la fuerza laboral de la empresa. Según la investigación del profesor Di Stefano, la mayoría de los equipos que operan en las empresas son equipos homogéneos cuyos componentes comparten perfiles muy similares. Estos grupos llevan a la organización a la obsolescencia, puesto que tienden a repetir experiencias pasadas que en entornos nuevos y cambiantes no son efectivas. Como se ha visto anteriormente, los siguientes en número son grupos diversos que están compuestos por empleados con perfiles diferentes o diversos, grupos que provocan un grado mayor de conflictividad. Por último, los grupos diversos inclusivos son los menos numerosos. Se trata de equipos que ponen en valor las diferencias de todos sus componentes y son los responsables de la innovación en las empresas.

En los años ochenta, ya había cinco *diversity councils* o consejos de diversidad en Estados Unidos y uno en Canadá bajo la coordinación de The Conference Board, compuestos por empresas de todos los sectores que habían establecido ya su política corporativa para la gestión de la inclusión de la diversidad. Porque estas nuevas políticas contribuían de forma muy efectiva a la cuenta de resultados. Esto explica la razón por la cual Estados Unidos ha sido y sigue siendo el país pionero en nuevas ideas, iniciativas de toda índole y en todos los sectores: la naturaleza de la población del país es profundamente diversa.

Los Estados Unidos es un país de inmigrantes. Desde que en 1607 se estableció el primer asentamiento inglés en Jamestown y con la llegada del Mayflower el 21 de noviembre de 1620 a Cap Code (hoy Massachussetts), como resultado de la discriminación religiosa del rey

Jacobo de Inglaterra, los flujos de inmigración hacia el país han sido constantes y no han parado de crecer. Los fundadores supieron crear una tierra de oportunidades, libertades y esperanza en la que se pueden hacer realidad los sueños de las personas emprendedoras. Es el único país del mundo donde un hombre negro, nacido en Hawái, educado en Indonesia y de padre musulmán africano y madre blanca americana ha llegado a ser presidente de la nación. En este caso, Estados Unidos, el país más poderoso del mundo que ha marcado el desarrollo industrial, económico y tecnológico global en los últimos 200 años.

Sin embargo, la historia de los pueblos de Europa ha sido la de sus conflictos y guerras, hasta que en 1957 cinco países firmaron el Tratado de Roma, que hoy ha construido la Unión Europea de los 27 Estados miembros. Por primera vez en milenios de historia, los pueblos europeos no solo no están en guerra, sino que forman y ocupan un espacio común compartiendo recursos y creando riqueza. Se siguen hablando 24 idiomas principales, 200 idiomas minoritarios y un número indefinido de dialectos. Aunque predominan las religiones cristianas, muchas otras se practican en Europa, que cada vez tiene más inmigrantes de países del hemisferio sur en busca de trabajo y calidad de vida.

La Comisión de la Unión Europea tiene como claro objetivo potenciar la diversidad de sus gentes para convertir esta fuerza ciudadana en factor de creatividad e innovación y competir por el liderazgo de nuevas tecnologías a nivel mundial. Tanto que la prioridad de todos los proyectos transeuropeos que subvenciona la Comisión del 2020 al 2030 es capitalizar la inclusión de las gentes que habitan el espacio europeo.

Hacia los años noventa, la investigación realizada por científicos como Offerman y Gowing (IPD, 1996) arrojó resultados determinantes que ayudan a dar respuesta a incógnitas hasta entonces sin explicación. Y es que, cuando esta megadiversidad se gestiona para lograr la inclusión de los diferentes perfiles y aportaciones de sus componentes, se genera una explosión creativa e innovadora que lleva a la humanidad a las cotas más altas de desarrollo acelerado y sostenido.

IKEA es un gran ejemplo de cómo la inclusión de la diversidad contribuye a gestionar una corporación con un alto nivel de eficacia y sostenibilidad. Ingvar Kamprad —nacido en Småland, al sur de Suecia— vendía cajitas de cerillas a sus 5 años y tenía muy claro que iba a abrir un negocio. En 1940, a los 17 años, fundó IKEA, un negocio de diseños de muebles. Ahora, IKEA no solo vende muebles, sino que se ha unido a UNICEF en defensa de los niños, coopera con WWF para promover el uso de energías alternativas a partir de sus proveedores... IKEA no vende muebles. Ofrece a la población mundial comodidad, diseño, automontaje, bajos precios y servicios, además de un gran número de accesorios para el hogar, comida y el sentido de pertenecer a un gran movimiento, a una nueva forma de vida fuertemente demandada por la sociedad. Kamprad falleció a sus 90 años y, además de ser disléxico, era el hombre más rico de Escandinavia. Su fortuna se estimó en 610 000 millones de coronas, (65 000 millones de euros) También era muy ahorrador. Contaba con 270 tiendas propias en 44 países del mundo, lo que implicaba ventas de 20 000 millones de euros y 120 000 empleados de todos los perfiles para conectar con las diferencias de los 550 millones de clientes de media anual a los que sirve IKEA. Todos sus empleados reciben la formación necesaria para gestionar los metros cuadrados de los que se ocupan y asumen la responsabilidad de sus resultados, adelantándose siempre a las necesidades de sus clientes. Finalmente, en 2021, IKEA lanzó un armario despacho para facilitar el trabajo a distancia de la población mundial.

En 1999, se fundó el primer Diversity Council en Europa a cargo de la delegación europea de la fundación de The Conference Board, de la cual el Instituto Europeo para la Gestión de la Diversidad fue una de las entidades integrantes, junto a una veintena de multinacionales que operaban en Europa y que ya practicaban políticas de diversidad en sus organizaciones. Entre ellas encontramos IKEA, así como SHELL, Cadbury, Schweppes, British Telecom, Sodexo, Deutsche Bank y otras. El consejo se reunía cuatro veces al año, con un intercambio magnífico de experiencias, teniendo siempre a invitados especialistas en temas que interesaban al grupo. Una vez al año, se celebraba un congreso abierto al mundo empresarial europeo. El Diversity Council contribuyó, como lo hizo en su día el panel en Estados Unidos, a crear y divulgar políticas organizacionales para generar innovación y desarrollo sostenible, optimizando así la altísima diversidad existente en Europa que nunca se había explotado como factor positivo de desarrollo, sino que había sido creadora de conflictos. Conflictos que habían marcado la historia de los pueblos que hoy forman la Unión Europea.

No fue hasta 30 años después, en 2008, que se creó el primer Diversity Council en Asia. Es interesante apreciar los tiempos que necesitan los tomadores de decisión de empresas de diferentes regiones o continentes para asumir nuevas realidades. Y es que Asia se abrió al mundo empresarial americano y europeo, lo que le forzó a asumir el comportamiento de otras culturas, así como diferentes formas de hacer negocios en sus propios territorios. Una evidencia más de la magnitud de las diversidades y la imperativa necesidad de su gestión.

3. ¿QUÉ ES LA DIVERSIDAD? CAUSAS Y EFECTOS

Las definiciones que dan las diferentes instituciones al concepto de «diversidad» varían de unas a otras, puesto que cada una la explica desde su propia responsabilidad hacia la sociedad y la economía, pero siempre coinciden en su esencia. La diversidad forma parte de la naturaleza de las personas y, además, es un elemento innegable de generación de desarrollo en todas sus vertientes.

Según Naciones Unidas, «la diversidad se manifiesta de muchas formas, generalmente se piensa en ella en términos de atributos demográficos —diferencias de edad, raza, género, discapacidad, orientación sexual—, así como de atributos culturales —diferencias en habilidades personales, religión, idioma, nivel de educación, competencias o estructura familiar—. La diversidad en términos de antecedentes, experiencia profesional, especialización, estilo de vida, valores, cultura, así como clase social, es un patrón que prevalece».

La Directiva 2000 de la Dirección General V de Trabajo y Asuntos Sociales de la Comisión de la Unión Europea propuso también que los Estados miembros establecieran una legislación para combatir la discriminación como forma de crear un entorno de igualdad de derechos en la Unión Europea: «El derecho que tienen todos los ciudadanos de la Unión Europa en el acceso al trabajo, promoción y salario, así como a la conciliación de la vida laboral y personal independientemente de su género, raza, etnia, edad, discapacidad, orientación sexual, cultura, religión, así como competencias y habilidades personales».

Según la Unesco, «la diversidad cultural es un patrimonio común de la humanidad», porque impulsa el desarrollo de la humanidad a través del entendimiento y el diálogo. Y en esa premisa está basada la Declaración Universal de la Unesco sobre la Diversidad Cultural adoptada por unanimidad por su Conferencia General el 2 día de noviembre de 2001.

Kōichirō Matsuura, director general de la Unesco entre 1999 y 2009, pronunció un magistral discurso el día 20 de mayo de 2005 con motivo del Día Mundial de la Diversidad Cultural para el Diálogo y el Desarrollo, emitiendo un mensaje que consagra la diversidad cultural como patrimonio común de la humanidad.

> «Esta es una oportunidad para expresar la necesidad de responder a los retos que plantean los procesos actuales de mundialización que, al tiempo que propician un diálogo renovado entre las culturas y las civilizaciones, ponen de manifiesto cuán vulnerable es esa diversidad.
>
> La diversidad cultural ha cobrado una importancia fundamental para el porvenir de las sociedades, y exige nuevas iniciativas.
>
> Así pues, la comunidad internacional ha encomendado a la Unesco, que en virtud de su Constitución promueve la fecunda diversidad de las culturas del mundo, la tarea de elaborar una convención sobre la protección de la diversidad de los contenidos culturales y las expresiones artísticas, particularmente amenazada por los procesos actuales y que, hoy por hoy, no goza de ninguna protección especial.
>
> Para la Unesco la necesidad de obrar en este ámbito es ineludible, puesto que la diversidad cultural, fruto de la apertura de las culturas entre sí y de los consiguientes intercambios, sólo puede prosperar si se reúnen las condiciones para que cada individuo y cada sociedad tengan acceso a su excepcional riqueza.
>
> Se trata asimismo de garantizar a cada país y cada grupo social, comprendidas las personas pertenecientes a minorías y los pueblos indígenas, la posibilidad de participar en el desarrollo sostenible».

La proclamación de principios establecidos por la Unesco describe de forma magnífica no solo la diversidad, sino los efectos que tiene sobre el quehacer de toda la humanidad. Además, alerta a la población mundial de que la diversidad es un factor intrínseco a las personas y, por lo tanto, a todas las actividades que estas desarrollan. La diversidad afecta por igual a todas las personas en todo el mundo y, del mismo modo, afecta a las empresas e instituciones públicas y privadas que estas crean y dirigen en las diferentes partes del planeta. El excelente texto de la declaración es de lectura obligada, pues despeja cualquier duda sobre el valor que ha tenido, tiene y tendrá la diversidad en la vida y actividades de la humanidad.

La Real Academia Europea de Doctores, en la persona de su presidente Alfredo Rocafort Nicolau, invitó al mundo académico a incluir en su currículo actividades de investigación para el desarrollo de asignaturas que impartan la enseñanza necesaria sobre la gestión de la inclusión de la diversidad en centros de formación, así como en proyectos de posgrado. Este es un movimiento esencial para capacitar a tomadores de decisiones y a toda la fuerza laboral de empresas y entidades públicas y privadas en la creación de innovación y eficacia, fundamental para lograr organizaciones sostenibles en escenarios en continua transformación.

> «Desde la Real Academia Europea de Doctores (RAED) reconocemos la importancia de la diversidad en la sociedad. Por ello, desde el mundo académico queremos impulsar la investigación sobre la aplicación de políticas de inclusión en todo tipo de organizaciones. Analizando los retos, valorando las ventajas y difundiendo los resultados será como logremos que las empresas y las instituciones apuesten por la diversidad como estrategia competitiva».

No hay duda de que los procesos de inclusión de diferencias generan iniciativas y desarrollos que continuamente transforman los escenarios. Es un proceso continuo y sistémico de retroalimentación. La humanidad (hombres y mujeres) transforman el mundo de lo micro a lo macro, siempre que se fomente el valor de la inclusión de las diferencias que les caracteriza. Igual que el agua está formada por la combinación de dos elementos gaseosos, hombres y mujeres con sus múltiples diferencias se unen para formar la humanidad. En este sentido, Bruce Lee nos daba una lección de vida con su famosa frase «*be water my friend*» inspirado en la filosofía china. Y el proceso sostenible radica en que hombres y mujeres mantengan esta complementariedad en su vida social y profesional operando como una entidad única sin fricciones ni exigencias, aportando cada cual sus diversas competencias y habilidades.

Esto invita a comprender que el desarrollo de las empresas y sus resultados dependen de la capacidad de diálogo, de la relación interpersonal, de la comunicación fluida y eficaz entre todas sus gentes para potenciar la contribución que pueden hacer a partir de sus diferencias y de las distintas capacidades de desarrollo que tienen sus dirigentes.

Amancio Ortega, fundador de Zara (Inditex), creó una red de almacenes de venta de moda y accesorios que se extiende por todo el mundo y que en 2020 contaba con 7000 tiendas en 202 países diferentes. Por su parte, Ramón Areces y César Rodríguez (procedentes de Cuba) fundaron El Corte Inglés el 28 de junio de 1940, una red de almacenes de moda y accesorios con 174 tiendas exclusivamente en el territorio nacional de España. Ambas organizaciones han tenido un éxito arrollador, ya que han potenciado sus diferencias para posicionarse en sus respectivos mercados. La pandemia del coronavirus representa un gran reto de sostenibilidad de sus respectivas estructuras empresariales, que tendrán que gestionar de formas muy diferentes. Inditex se enfrenta a la transformación de 202 entornos sociales, económicos, políticos y legislativos diferentes, mientras que El Corte Inglés debe gestionar un entorno social y económico único. Las soluciones que apliquen ambas organizaciones serán muy distintas.

Para contribuir a este proceso, la Dirección General V publicó el Chárter de la Diversidad para dar apoyo al mundo empresarial en su proyecto de fomentar la diversidad en la Unión Europea para capitalizar así su capacidad de innovación. La definición de diversidad con la que se lanzó el Chárter es la siguiente:

> «Gestionar la diversidad es por lo tanto una estrategia corporativa enfocada a la creación de un entorno inclusivo que respete el derecho de acceso al trabajo, la promoción, compensación y balance trabajo/familia que todas las personas merecen independientemente

> de su género, raza, etnia, edad, discapacidad, orientación sexual, religión y otros perfiles culturales, al igual que la capacidad profesional y habilidades personales. Con el objetivo de reducir costes y aumentar la innovación y la eficacia en las organizaciones, así como para contribuir a los beneficios y sostenibilidad a través de la calidad en el trabajo y de vida de todas las personas».

En marzo de 2006, Gonzalo Sánchez Gardey —entonces vicedecano de la Universidad de Cádiz— publicó su magnífica tesis «Dirección estratégica de los recursos humanos y diversidad en los grupos de trabajo: un análisis estructural de efectos moderadores», tesis *cum laude* evaluada a nivel europeo que supuso un hito en el estudio científico de la diversidad como factor crítico de esta nueva era. El doctor Sánchez Gardey no se conforma con exponer y justificar magníficamente su planteamiento teórico, sino que propone un modelo práctico para la gestión eficaz de la misma.

Su conclusión es que los modelos de dirección estratégica de recursos humanos y sobre la diversidad de la fuerza de trabajo resultan complementarios, para lo cual aporta un modelo de gestión que permite definir de manera sistemática patrones de prácticas de dirección a través de las cuales moderar los diferentes efectos de la heterogeneidad demográfica y psicosocial de un grupo.

4. DINÁMICA DE LOS CAMBIOS: EXPONENCIAL EN TIEMPOS DE DISCONTINUIDAD

La realidad de la diversidad a nivel global y local se aprecia a partir del impulso que dan dos motores y dos tendencias que transforman los escenarios presentes y futuros en continua transformación.

La velocidad del cambio es cada vez más acelerada, lo que constituye una ventaja para el desarrollo de innovaciones, pero también supone un coste para las empresas, que deben actualizar continuamente el conocimiento y la competencia de sus equipos para poder poner en práctica los nuevos productos y sistemas que entran a formar parte de las herramientas de uso diario. Para apreciar esta realidad, basta con revisar el lapso de tiempo que ha tardado en emerger algún invento o innovación, imponiendo una discontinuidad con respecto a lo anterior.

Llegar a la propulsión por vapor desarrollada por Robert Fulton en Estados Unidos llevó 178 años, mientras que solo hicieron falta 3 años para pasar al motor de gasolina, creado por el alemán Nicolaus Otto o 20 años para el motor eléctrico. Este ritmo abre oportunidades para el desarrollo de energías alternativas que contribuyan al cuidado medioambiental.

Llevó 94 años pasar de la radiación ultravioleta inventada por el alemán Johann Wilhelm en 1801 a los rayos X, descubiertos en 1895 por el también alemán Wilhelm Conrad Röntgen. Y solo 5 años pasar a los rayos gamma en 1900, de mano del francés Paul Ulrich Villard, un paso que convirtió la tecnología en la gran aliada para el diagnóstico precoz. De media, cada día surgen unas 1479 aplicaciones nuevas; de hecho, solo Google ha lanzado más de 20 000, además de 52 000 patentes registradas.

Los efectos de la velocidad del cambio son evidentes en todos los sectores y actividades humanas, con el agravante de que su impacto puede variar en las diferentes partes de mundo por las diferentes capacidades de cada pueblo para aceptar, entender y utilizar estos cambios. Los agentes de los diversos escenarios cambian y se transforman continuamente, algunos en direcciones insospechadas, pero, la innovación, las personas la asuman como propia.

La potencia de los ordenadores se duplica cada 12 meses, lo que supone un altísimo coste de reposición para cualquier organización, a lo que se añade la necesidad de formación, la actualización en las competencias de sus gentes, la incorporación de nuevos talentos y la consecuente pérdida de trabajadores que no cuentan con las competencias necesarias. Este factor no siempre se mide y se valora económica y humanamente.

La vida media de los productos es de 3 meses, lo que significa que, cuando se gana el primer euro con el nuevo producto, este ya está obsoleto. La aceptación de los mercados, a su vez, estimula a otras personas o empresas a identificar una oportunidad de negocio. Cada empresa debe crear su propia discontinuidad, antes de que lo hagan los competidores, incorporando la innovación que permita mantener el dominio de los mercados. La empresa no puede perder tanto terreno como para que el precio sea su factor diferencial, porque tendrá sus días contados y cuando quiera reaccionar ya no tendrá fondos para financiar su reposicionamiento. Por esta razón, el iPhone se sustituye a sí mismo cada año.

Y es que ya no existen los negocios para toda la vida o los productos de largo recorrido. La gestión empresarial debe gestionar la velocidad de reposición y la discontinuidad de todo tipo de tecnologías, productos y servicios que salgan al mercado; los usuarios son diversos, como lo son las regiones, países y cultura que exigen que se cubran sus necesidades para actualizar continuamente su estilo de vida. Para lograr este constante reposicionamiento, la empresa debe contar con una fuerza laboral que refleje los perfiles de sus consumidores, para así poder conectar con sus públicos de forma eficaz. La tecnología de las comunicaciones encoge el mundo y convierte a todos en vecinos, así como a las organizaciones, que como resultado se vuelven igualmente diversas.

Google recibe 600 millones de solicitudes de información al día. No hay duda de que tanto Larry Page como Serguéi Brin —entonces de 25 años— cambiaron el mundo al fundar Google el 24 de septiembre de 1998.

Facebook fue creado por Mark Zuckerberg en 2004 y, en un año, alcanzó los 11 millones de usuarios. Su objetivo era que sus condiscípulos de la Universidad de Harvard pudiesen estar en contacto y facilitar la comunicación entre jóvenes estudiantes. Años después, Facebook se convirtió en el vehículo que los egipcios usaron para convocar masivas manifestaciones sin precedentes que finalmente fueron clave para derrocar a Mubarak. El 24 de agosto de 2015, uno de cada siete habitantes del mundo coincidía en Facebook.

Jack Dorsey fundó Twitter el 21 de marzo de 2006, cuando se publicó el primer *tuit*. Hoy, es una perfecta radiografía sociológica que funciona a través de 280 caracteres y visitada por 1 de cada 14 personas del mundo que buscan conversar, opinar y crear lazos de amistad. Donald Trump, durante su presidencia de Estados Unidos, utilizó Twitter como plataforma política para anunciar de forma diaria las políticas y estrategias de su gestión de gobierno. Se puede decir que abrió el camino a que los líderes mundiales recurrieran a Twitter para comunicarse personalmente con sus ciudadanos.

Cada segundo, los habitantes de este planeta se acercan unos a otros gracias al uso que dan a las grandes redes sociales: Google recibe 3.8 millones de búsquedas; Instagram publica 65 000 fotos; Facebook sube 243 000 fotos; Netflix pone a disposición 87 000 vídeos; en Spotify se escuchan más de 1.5 millones de canciones; YouTube incorpora 400 horas de vídeo; WhatsApp permite el envío de 29 millones de mensajes, superando el uso del teléfono fijo en países desarrollados; Scape realiza más de 2 millones de llamadas por minuto y se mandan 56 000 *e-mails* por segundo; LinkedIn, la mayor red de profesionales del mundo con 575 millones de usuarios aumenta 120 nuevas cuentas por segundo... La globalización surge de la capacidad de llegar en tiempo real a todas partes del mundo y de poder mantener la comunicación e interactuar social y profesionalmente con personas de regiones muy diferentes, con culturas y sistemas de gobierno diversos.

Si alguien duda del efecto de la globalización, solo hay que recordar el impacto que en toda la población mundial tiene el coronavirus, que empezó a contagiar entre el 12 y el 29 de diciembre en la ciudad china de Wuhan. Hubo gobiernos que empezaron a tomar medidas para proteger a sus ciudadanos en enero, pero otros también actuaron más lento, pensando quizá que no llegaría, por lo que la población ha pagado las consecuencias. Y, de hecho, los siete países con una mujer como jefe de Gobierno son los que mejor han gestionado el inicio de la epidemia. De nuevo, el poder de la diversidad. Angela Merkel en Alemania, Jacinda Ardern en Nueva Zelanda, Tsai Ing-wen en Tailandia, Vigdís Finnbogadóttir en Islandia, Sanna Marin en Finlandia, Erna Solberg en Noruega, Mette Frederiksen en Dinamarca.

Estas siete mujeres gobernantes lograron una gestión excelente gracias a factores comunes, como capacidad de decisión rápida y ejecutiva, mensajes efectivos, claros, empáticos, máxima creatividad, menos margen de error...; empezaron más rápido y con la convicción de que así soportarían mejor el futuro. En cambio, Donald Trump en Estados Unidos ignoró el efecto del virus y el país se situó en el puesto 94 de 100 en un *ranking* del Lowy Institute. La España de Pedro Sánchez ocupó el puesto 78 y Reino Unido, bajo el mando de Boris Johnson, puesto 95, negó la existencia del peligro de contagio hasta que él mismo se contagió. Colombia, México y Brasil ocuparon las últimas posiciones. Como resultado, el virus se extendió con rapidez por todo el mundo y solo cuando ya había contagios locales se empezaron a tomar medidas sanitarias para combatir una enfermedad tan peligrosa para la humanidad.

Sin embargo, la pandemia de la COVID-19 ha traído transformaciones muy positivas, al menos a los países desarrollados. En agosto de 2020 fallecieron en España 50 personas menos que en agosto de 2019. Lo mismo ha sucedido en Suecia. La razón es que las personas han aprendido a valorar y a cuidar más de su salud, a correr menos riesgos innecesarios, un comportamiento que perdurará más allá de la pandemia.

Las empresas han aprendido que el trabajo a distancia es mucho más eficaz y rentable para la organización, al igual que lo es para trabajadores de todos los rangos, excepto en el caso de la línea de montaje, pero estos serán sustituidos por robots. Las personas que trabajan a distancia gestionan su tiempo y pueden compatibilizar sus funciones profesionales con sus necesidades personas y familiares. Este es un avance social de una envergadura gigantesca que va a afectar a nuestras vidas: a los servicios que las personas que trabajan presencialmente necesitan para sus hogares, como la atención de la familia o de los hijos; al tipo de abastecimiento para el hogar, redefiniendo qué productos y servicios tendrán demanda y cuáles deberán repensar su oferta; al sector detallista, que pierde volumen de negocio si se mantiene solo a nivel presencial, y a grandes empresas, como Zara, Galeries Lafayette, Bloomingdale's, que deberán reinventar la gestión de sus infraestructuras; y a todos los proveedores de este y otros sectores. La humanidad está entrando en una nueva era.

Cambiará la oferta de ocio, de deportes, de formación y de cultura. Y las empresas serán más eficaces gracias a un mayor rendimiento de sus personas y por el enorme ahorro en infraestructura, al no tener que albergar el total de su nómina en espacios de despachos, lo que, entre otras cosas, redefinirá el sector inmobiliario, que deberán construir viviendas con espacio de trabajo para quienes las habiten.

El trabajo para terceros será el bien más escaso. Se tendrá que avanzar hacia nuevas formas de trabajo como norma habitual: trabajo a distancia, a tiempo parcial, trabajo compartido y semana de 4 días, un incremento de autónomos y de emprendedores... El trabajo hay que medirlo por el cumplimiento de las funciones que se realizan y no por el tiempo de presencia de las personas, porque el horario laboral —las horas de contratación de una persona— no garantiza la realización eficaz del trabajo. De hecho, por esta razón, España ha llegado a ocupar el lugar 49 en eficacia en el *ranking* mundial. Es crucial poner en marcha una transformación total del mundo empresarial, social, cultural y político con vistas a una mayor calidad de vida.

Aumentará la tan ansiada natalidad en los países desarrollados, pues las parejas podrán ocuparse de sus hijos gracias al trabajo a distancia, que ya es la modalidad preferente de trabajo. El 72 % de los empleados que trabajan a distancia desde que empezó la pandemia quieren continuar con esta modalidad de trabajo. Hoteles como Coral Hotels de Canarias se están reconvirtiendo para ofrecer lugares de vivir y trabajar atractivos, cómodos y eficientes para personas que no tienen que estar presentes en el despacho o incluso en el país. Y así surge una nueva forma de vida que armoniza trabajo, vida personal y ocio de forma atractiva, creando nuevas ofertas de productos y servicios por parte de sectores como el inmobiliario, el turístico, la restauración y la moda.

El mundo emprendedor abrirá múltiples oportunidades y ofertas a los diferentes sectores de la población activa, ya que las personas tendrán más tiempo que dedicar a actividades personales. Para iniciar una actividad emprendedora o empresarial, la pregunta es: ¿qué necesidades tienen los diferentes sectores de la población para ocupar su tiempo personal, familiar y de ocio? Esos son los nuevos negocios y actividades profesionales que se van a desarrollar con éxito. No habrá pequeñas o grandes empresas, sino pequeñas o grandes implementaciones de ideas e iniciativas. Uber —una empresa que ofrece servicio de coche con chófer— podría haber optado por ser una empresa local, pero prefirió crecer y es hoy una de las grandes empresas globales. Cualquier tipo de empresa de servicios podrá escoger en el futuro su dimensión, adaptándose a las personas que la pongan en marcha y sepan anticipar las necesidades de públicos cada vez más diversos

Y es que la globalización ha acercado a personas de todos los perfiles, ha despertado la evidencia de las diversidades que emergen en el mundo. También, se ha tomado conciencia de que esa diversidad forma parte de las vidas de todos los habitantes del planeta y, por lo tanto, de sus manifestaciones —organizaciones, entidades y empresas—, que construyen tecnologías para contribuir a mejorar la calidad de vida de las personas y, en principio, servir a la sociedad. La mundialización tiene y tendrá un fuerte impacto en los diferentes sistemas de gobernanza que rigen las diferentes áreas del mundo, de todo lo que hacen y crean las personas.

Como ejemplo, ABB, una corporación multinacional suiza con sede en Zúrich, es líder mundial en tecnologías de generación de energía eléctrica, automatización industrial y robótica, opera en más de cien países y emplea a más de 145 000 personas. El desarrollo en competencia intercultural de sus personas es uno de los cinco ejes de su política corporativa. Del mismo modo, los empresarios y empresarias tienen que entender que su mercado interior potencial lo forma toda la población mundial y que esa población objetivo es infinitamente diversa. Por lo tanto, las organizaciones deben contar con trabajadores cuyos perfiles logren reflejar las diferencias culturales, ya sean de idioma, estilo de vida, preferencias o necesidades de todos los países donde operen. La fuerza laboral tiene que ser diversa para poder mantener un posicionamiento sostenible en los mercados en los que se opera. La eficacia de la organización depende de la coincidencia de perfiles de empleados con los de clientes y los proveedores de la organización. La totalidad de los habitantes del planeta depende en mayor o menor medida de productos y servicios de otras partes del mundo para su vida cotidiana.

Amazon (EE. UU) genera 61 000 millones de dólares en ventas a nivel mundial, ya que las compras que se realizan en la plataforma virtual han pasado en 4 años de 100 millones a 250 millones. El reto del Amazon está en la entrega física de productos por la complejidad logística en las diferentes localidades del planeta, especialmente en zonas rurales donde los drones podrán jugar un papel de gran importancia.

Por otra parte, Alibaba Group (阿里巴巴集团) es un consorcio privado chino con sede en Hangzhou fundado en 1999 por el empresario chino Jack Ma. Funciona como sitio de negocio a negocio (*business-to-business*), para conectar fabricantes chinos con compradores de todo el mundo y, de hecho, alberga el portal Taobao de venta de consumidor a consumidor (*consumer-to-consumer*) que compite con eBay y que hoy cuenta con más de 1000 productos y es responsable del 60 % de los paquetes que se entregan en China. En 2010, se fundó AliExpress, de negocio a consumidor (*business-to-consumer*), una plataforma de bajo coste que conecta directamente fabricantes chinos con clientes a nivel mundial. Alibaba ingresó 376 844 millones de yuanes (48 981 millones de euros) en 2018, lo que supone una mejora del 51 % respecto al año anterior. Con más de 22 000 empleados y 654 millones de usuarios, es mayor que eBay y Amazon juntos.

Sin duda, el mundo se detuvo con la pandemia. Pero habrá un nuevo renacer de la humanidad y sus instituciones, para lo cual los líderes del futuro tendrán que adquirir nuevas competencias y capacidades. Esta es la filosofía que rige la docencia que imparte la Ubiquity University, fundada por Jim Garrison, con el objetivo de formar a los líderes de futuros escenarios. Es una institución académica acreditada que opera con una plataforma de educación y tecnología con sede en California. Se basa en la creencia de que para liderar en cualquier parte del mundo las personas deben dominar las habilidades sociales y competencias profesionales necesarias para resolver situaciones globales que emergen a cada instante y que amenazan la ecología planetaria y la humanidad, situaciones globales que al mismo tiempo abren infinitas oportunidades para quienes saben identificarlas. La universidad imparte un aprendizaje virtual y presencial definido en torno a competencias para obtener acreditaciones, certificados y títulos de grado, máster, MBA y doctorado. Los programas están diseñados teniendo en mente a agentes sociales de cambio y emprendedores de todo tipo, personas destinadas a transformar su pasión personal en acciones colaborativas en pro del bien común. Con un sólido respaldo financiero, Ubiquity University ofrece productos educativos en el mercado mundial y una base de datos global de acceso mediante un programa de inteligencia artificial que vincula competencias, talento y capacitación. Puesto que la humanidad nunca regresará a donde estaba antes, Jim Garrison invita a todas las personas cuya mentalidad tenga puesto el foco en el futuro a participar en la Humanity Rising Leadership Summit, para rediseñar la forma en que se vivirá y avanzará hacia un mundo más sostenible y saludable, aprovechando que ahora hay una grieta en el sistema global desde la cual poder introducir una transformación mundial.

Aprovechando la coyuntura actual, la Ubiquity University ha decidido contribuir a un diálogo significativo sobre esta cuestión convocando una cumbre *online* de liderazgo para el desarrollo de la humanidad. La Cumbre 2020 se lanzó el Día de la Tierra, en abril, y en agosto ya contaba con más de 1000 miembros e instituciones, así como con más de 500 participantes individuales de todo el mundo. Además, la Cumbre 2020 propuso un plan para reunir a las comunidades globales de habla inglesa y castellana en un diálogo intercultural e invitó a los participantes a ofrecer presentaciones sobre un tema relevante de su elección que contribuyera a los objetivos del foro y contribuyera al diseño de un mundo mejor. Las sesiones son virtuales y se anuncian en el informe semanal de la Cumbre para que los miembros se puedan conectar cada día a aquellas sesiones de su interés.

El plan de la Cumbre 2020 fue el de involucrarse y contribuir al desarrollo mundial. Está claro que el virus no va a desaparecer de repente, y la Cumbre quiere estar presente en esta catarsis, en este proceso tan importante, con blogs diarios, debates virtuales y, lo más importante, propuestas de soluciones creativas. El objetivo es rediseñar un futuro donde la humanidad pueda vivir una existencia sana y sostenible.

5. TENDENCIAS DE FUTURO: EL FUTURO COMENZÓ AYER

Cualquier agrupación humana —pública o privada, asociativa o con fines económicos— será sostenible y cumplirá sus objetivos si es capaz de anticiparse a las transformaciones de los escenarios futuros. En la actualidad, la necesidad es más acuciante, dada la velocidad de los cambios que sufren todos los actores en todos los ámbitos y la diversidad que generan. Como se ha visto anteriormente, el impacto de los cambios tecnológicos transforma la forma de vivir, de trabajar, el ocio... y genera aún más desarrollo por las múltiples aplicaciones que tienen estas tecnologías. La velocidad de estas innovaciones trae obsolescencia a herramientas, artículos, productos y servicios que se usaban de forma cotidiana o trae una innovación inesperada, como en el caso de los drones, que cada día se usan para realizar tareas que usualmente hacían otras herramientas ahora obsoletas. Estas innovaciones transforman todo el mapa empresarial y asociativo, fuerzan el cierre de empresas y organizaciones que no saben integrar estas innovaciones tecnológicas a su negocio... Este es el caso de la prensa, que pronto perdió muchos de sus clientes, porque los nuevos lectores prefieren la versión digital al papel. Esto cambia totalmente la estructura de las empresas, desde la financiación al canal de divulgación de contenidos y, por supuesto, al equipamiento y el sistema logístico. Las editoriales y la prensa han recibido un impacto directo del buscador Google y deben reinventarse o morir.

Las transformaciones de los diferentes escenarios pueden anticiparse monitorizando indicadores críticos en aquellos entornos que marcan tendencia y que identifican cambios fundamentales. Una magnífica fuente de información en este sentido es Tendencias21, una publicación electrónica independiente editada por Global Media Digital que recoge los principales avances estratégicos en ciencia, tecnología, sociedad y cultura. Desde 2019, Tendencias21 está asociada a Editorial Prensa Ibérica para la difusión de la cultura científica en la sociedad. La revista se enmarca en lo que se denomina «periodismo inteligente», que tiene como cometido principal ofrecer contenidos con significado que permitan a los lectores situarse estratégicamente en aquellos campos de conocimiento que les son útiles para su desarrollo personal y profesional. Tendencias21 es por tanto una fórmula de periodismo inteligente aplicado al conocimiento y la divulgación de la ciencia en su más amplio significado, ya que ofrece una visión interdisciplinar que integra no solo las más diversas ramas de la investigación científica, sino también los avances más significativos en los esquemas del pensamiento y la organización social. Es, además, un producto de Internet que se sujeta a las características básicas de este soporte tecnológico: la interactividad, la actualización permanente, la universalidad y la vinculación (hipervínculos) con una serie de iniciativas semejantes que están en la red de redes.

La mundialización beneficia y afecta por igual a empresas de todas dimensiones y áreas de actividad. Hay 230 millones de empresas que operan en 200 países y que tienen que asumir que su mercado interior es el mundo. Solo en Europa hay 23 millones de pymes (con hasta 250 trabajadores), lo que supone el 99 % del tejido empresarial y 75 millones de puestos de trabajo. Las pequeñas y medias empresas son una pieza clave para la sostenibilidad social y económica de la Unión Europea, a pesar de que en 2009 solo tenían, según un estudio del IEGD, un 3 % de conocimiento del impacto de la diversidad en sus organizaciones. Esta característica les resta capacidad estratégica para mantener un grado de eficiencia que asegure su permanencia en los mercados cambiantes actuales y futuros.

El Observatorio Español del Racismo y la Xenofobia del Ministerio de Trabajo y Asuntos Sociales de España realizó un magnífico estudio para analizar el impacto de las pymes en la socioeconomía; sus contribuciones y sus carencias. Los resultados reflejaron que la aplicación de una buena gestión de la diversidad cultural (GDC) es una oportunidad para las pymes, pues necesitan herramientas para convertir la diversidad ya existente en un activo.

El Proyecto Gestión de la Diversidad en el Mundo Laboral (GESDI) realizado en 2011 se centró en trabajar de forma directa con entornos profesionales tales como empresas, organizaciones empresariales y otros agentes interesados en implantar procesos de gestión de la diversidad en sus organizaciones. Se consensuaron indicadores sobre igualdad de trato, no discriminación, recursos humanos, comunicación, compromiso y procesos organizativos, como herramientas de autodiagnóstico que permiten el análisis de la situación actual de la gestión de la diversidad cultural. Sobre la base de estos indicadores fueron evaluadas más de treinta organizaciones cuyos casos se publicaron en el informe, evidenciando las causas de su éxito y sostenibilidad.

Uno de los resultados del proyecto fue la elaboración de una guía con casos prácticos, ya que la inclusión y gestión de la diversidad cultural representa uno de los retos a los que se enfrentan las pymes en los próximos años. Conectar, colaborar, aprender y compartir son objetivos de una sociedad inteligente y próspera. Con un mercado internacionalizado altamente diverso, con la tendencia a la deslocalización, entre otras causas, las empresas y el resto de las organizaciones necesitan una nueva agenda que les permita abordar una transformación positiva, aunque no exenta de riesgos. Para ello, es imperativo que las pymes desarrollen una capacidad para asimilar estos cambios, frecuentemente superiores a lo que pueden asumir. Anticiparse a los cambios se convierte en la clave que permite introducir nuevas políticas, materias, tecnologías que eviten la obsolescencia y, por tanto, la pérdida de conectividad con los mercados consumidores.

Además, la curva demográfica es insostenible. Hace 20 años que se sabía que en 2020 habría más personas mayores de 65 años que menores de 18; la expectativa de vida crea una población de mayores sin precedentes. Germán Fernández analizó en 2017 el concepto de esperanza de vida y recordó que en la antigüedad grecorromana era de 28 años. ¿Significa eso que los griegos y los romanos eran ancianos a los 28 años? Evidentemente no. Julio César fue asesinado con 65 años, cuando aún le quedaba mucho por hacer. La esperanza de vida en EE. UU. ha pasado de 50 años en 1900 a 80 años en 2011. Y, en España, según datos del Banco Mundial, ha pasado de 69 años en 1960 a 83 en 2014. Hacia 2004, *Mètode*, la revista de la Universidad de Valencia especializada en difusión de investigación científica, publicó que el ser humano como especie está programado para vivir por encima de los 100 años, e incluso se considera que podría llegar a los 120 gracias al estudio del genoma humano.

Esto abrirá oportunidades de nuevos negocios para atender las necesidades de un colectivo gigantesco. Al mismo tiempo presentará riesgos críticos, por ejemplo, para el sistema de pensiones de economía social, porque no habrá nuevos trabajadores cuya cotización cubra el coste de una población retirada con una expectativa de vida de 100 años. Además, la robótica sustituye a los trabajadores en las líneas de montaje y la inteligencia artificial, las funciones administrativas y de gestión, por lo que la necesidad de la reforma de pensiones es más que urgente y precisa introducir nuevas fuentes de financiación: sacar del sistema aquellas pensiones no derivadas directamente del trabajo personal; que las empresa paguen a la seguridad social por el número de trabajadores que sustituyen sus robots...

La movilidad es otro factor de transformación que es preciso monitorizar. La movilidad de talento es una sangría que sufren países que pierden a personas sobresalientes que buscan oportunidades profesionales cuando su país de origen no se las proporciona. Otra movilidad que cambia los escenarios es la migración del sur hacia el norte industrializado en busca de supervivencia, lo que hace peligrar la estabilidad de estas zonas. Esto se puede evitar si los inversores de países desarrollados fomentan proyectos empresariales en esas zonas, creando oportunidades y trabajo que puedan evitar la migración. Esto hace China en África, por ejemplo: produce ahí los productos que vende en Europa, evitando grandes logísticas de transporte de las mercancías y abaratando el coste de estos, beneficiándose de valiosas materias primas con el beneplácito de los dictadores de gran parte de estos países.

Ahora y hacia el futuro será imperativo anticiparse para gestionar estos nuevos escenarios y que la humanidad avance con un desarrollo sostenible. Una herramienta muy efectiva para los tomadores de decisiones en empresas e instituciones es la metodología que John Naisbitt desarrolló en los años sesenta sobre análisis de contenido y que publicó en su *bestseller* de 1982 *Megatrends*. El autor propone un sistema muy efectivo que permite a los equipos de toma de decisiones de las empresas proyectar escenarios de futuro para sus decisiones estratégicas. El equipo está formado por tomadores de decisión de diferentes aéreas y departamentos de la empresa, tanto a nivel nacional como internacional; se analizan de forma contextual los eventos emergentes de la economía, la tecnología, la sociedad y la política y, por tanto, se favorece que el equipo monitorice indicadores que sean críticos para conocer su impacto en los mercados. Del mismo modo, se rectifica este análisis prospectivo a medida que suceden o no los eventos previstos, al tiempo que se corrige la estrategia de futuro.

El dinamismo de los cambios hace que los escenarios de futuro no sean fotos fijas y exactas, sino todo lo contrario: un mapa dinámico que expresa un conjunto esperado de comportamientos de diferentes agentes del entorno que permiten tener una visión panorámica de los movimientos más significativos que ya han empezado a suceder. Todo ello permite calibrar el efecto futuro de estos eventos y comportamientos en aquellas áreas que puedan afectar a la empresa, lo que les permite tomar decisiones anticipadas e informadas en el momento en que esos nuevos hechos influyen positiva o negativamente en las empresas.

6. DESIGUALDAD: LA GESTIÓN DE LAS BRECHAS

La humanidad es desigual y, por tanto, también lo son sus escenarios. La diversidad es consecuencia de las decisiones y estrategias que se han implantado en el pasado y, a la vez, es un factor dominante que singulariza y anticipa lo que sucederá hacia el futuro, durante el resto del siglo XXI y en lo sucesivo. Por lo tanto, es imperativo identificar las diferencias para ponerlas en valor, evitar que se conviertan en un factor negativo, en una barrera al desarrollo y a la calidad de vida. Con frecuencia, los perfiles de diversidad se ilustran como un iceberg donde los rasgos visibles y demográficos aparecen por encima de la línea de flotación (género, edad, etnia, discapacidad, apariencia) y los no visibles o culturales (religión, idioma, nivel de educación, preferencia sexual, estructura familiar, nacionalidad de origen, competencias, habilidades) se sitúan por debajo de la línea de flotación.

Estas desigualdades proporcionan oportunidades y riesgos que empresas e instituciones aprovechan en su beneficio o gestionan para evitar que cause perjuicios al entorno existente.

> Thomas Meyer lo percibió como oportunidad y fundó Desigual en 1984, una cadena de tiendas de moda colorista que hace honor a su

nombre. Con 428 establecimientos en 107 países y 2766 empleados y empleadas, el 75 % mujeres altamente consideradas. Desigual crea moda tanto para hombres como para mujeres y sus prendas son diseñadas por artistas, músicos y diferentes personalidades dentro del mundo de la moda. También usa diferentes medios de comercialización presencial y virtual. Ha recibido el galardón Laus de Bronce por la identidad de su marca que la distingue por todos los aspectos diferentes que singularizan su negocio.

Ante diferencias visibles o demográficas, una persona crea inmediatamente una actitud de rechazo o de aceptación porque responde al estereotipo de la educación que recibió desde la niñez. Sin embargo, para trascender estos juicios, es preciso conocer a la otra persona, hablar y comunicarse para entender estos rasgos y formar una opinión inclusiva sobre alguien. Si se discrimina a una persona por su etnia, por ejemplo, sin primero abrir un nivel de comunicación con dicha persona, nunca se sabrá qué aportación puede hacer al entorno profesional o personal. Por lo tanto, es preciso crear herramientas y mecanismos que faciliten el conocimiento intercultural de las personas, como afortunadamente han empezado a hacer diferentes instituciones.

El Club Segle XXI se constituyó en Francia el 10 de febrero de 2004 para combatir la presión migratoria que estaba ahogando al país. Sus fundadores fueron Hakim El Karoui (asesor del exprimer ministro Jean-Pierre Raffarin), Rachida Dati y Bechir Mana, consejeras de los expresidentes Nicolas Sarkozy y Jacques Chirac y quince otras personalidades del país. Su objetivo fundacional fue la promoción de la igualdad de oportunidades y el fomento de la diversidad cultural en las élites políticas, económicas y mediáticas del país. Sus grupos de trabajo fomentan la diversidad en las empresas, organizan eventos, publican anuarios, promueven iniciativas emprendedoras de colectivos menos favorecidos y ejercen influencia en los agentes económicos, políticos y sociales del país a favor de la inclusión de la diferencia. En 2013, Josep González, presiente de PIMEC, y Iolanda Piera (IVEAEMPA) fundaron el Club Segle XXI de España con el mismo fin: combatir la exclusión económico-social de colectivos minoritarios.

La brecha de edad es una desigualdad crítica, porque el cambio demográfico es determinante para la sostenibilidad del planeta.

El 95 % del crecimiento demográfico surge en áreas del mundo no desarrolladas, mientras que el mundo desarrollado tiene un nivel 0 de natalidad. El 50 % de la población de la Unión Europea en 2040 tendrá más de 50 años y, en ese momento, España tendrá la población más vieja del mundo. No es solo que ahora las personas mayores vivan más, sino que lo hacen en condiciones óptimas. En estos momentos, se empiezan a jubilar altos cargos ejecutivos, así como una gran generación de profesores universitarios que, por una parte, desean jubilarse y, por otra, están preocupados por su tercera vida personal y activa, porque jubilarse para no hacer nada es algo que esta generación de mayores no está dispuesta a hacer.

Lucent Technologies estableció un programa diseñado para personas mayores de 43 años, porque calculaban que a partir de esa edad los trabajadores empezaban a preocuparse por su futuro, por su estado económico y profesional una vez llegada la edad de la jubilación. Y esta preocupación reduce considerablemente su productividad. La empresa diseñó un programa de asesoramiento para este colectivo, asesorándoles por solicitud sobre su situación económica al terminar su vida profesional en la empresa; sobre las oportunidades de mantener un nivel profesional activo; sobre cómo prepararse para esa tercera etapa de sus vidas. Esta asesoría dio un resultado magnífico e incrementó la productividad de quienes solicitaban este apoyo. Se estableció un proyecto de *mentoring* transgeneracional, por el cual los trabajadores sénior actuaban como mentores voluntarios de los más jóvenes. El proyecto mejoró el nivel de información y competencia tanto de jóvenes como de séniors.

La desigualdad entre hombres y mujeres tiende a desdibujarse. La incorporación de la mujer a la actividad económica y a los roles históricamente reservados para el hombre es significativa, ya que se puede medir el desarrollo de los países por el índice de participación activa de la mujer en la vida económica. Este hecho transforma la forma de vivir y la estructura familiar de los países desarrollados.

André Schneider, exdirector del Foro Económico Mundial afirma: «Garantizar igualdad de pago a hombres y mujeres es crucial para todos los agentes económicos mundiales para impulsar la integración de todo tipo de talentos y contribuir a la competitividad de las empresas». Las formas emergentes de trabajo podrán aumentar los índices de natalidad en los países desarrollados, lo que creará nueva variedad en la demanda, teniendo en cuenta que la mujer decide la compra del 80 % de productos, bienes y servicios. Esto significa que los gustos y necesidades de la mujer condicionan el nivel de innovación y producción de las empresas para ser competitivas en los mercados cambiantes, lo que en una economía circular implica que las empresas que no tienen mujeres en puestos de toma de decisión sobre las características de su oferta de productos se encuentran en franca desventaja competitiva.

El talento tecnológico es crítico para los escenarios actuales y futuros y lo efectivo es captarlo en su fuente. GenZ es el programa que, desde marzo de 2021, ha puesto en marcha PwC España para incorporar inteligencia femenina al equipo de consultoría de la organización en beneficio propio y de sus clientes. El talento STEM agrega valor con disciplina científica al servicio de las organizaciones. Las estudiantes candidatas confirman en un 95 % su intención de incorporarse a la firma, ya que abre nuevas oportunidades al desarrollo de su carrera profesional. Este es un ámbito más de aplicación de su formación en ciencias y tecnología y el proyecto está enmarcado en el Programa de Inclusión y Diversidad de PwC que dirige Sandra Deltell. La mujer puede influir muy favorablemente en el desarrollo financiero de organizaciones donde tiene poder de decisión, ya que prefiere el largo plazo en vez de beneficios a corto a cualquier precio y no trabaja a gusto con endeudamientos. La mujer prefiere «deber lo que puede devolver», un principio muy sano que Rafael Termes proponía desde su cátedra.

La desigualdad salarial de género supera los 201 913 millones de euros, equivalentes al 16.8 % del PIB español de 2018. Si la tasa de empleo de la mujer se igualase a la del hombre, aumentaría la producción y supondría la creación de 2.3 millones de puestos. Esta es una de las principales conclusiones del séptimo informe de ClosinGap «Coste de oportunidad de la brecha de género en el empleo», elaborado por PwC, que cuantifica por primera vez el coste de oportunidad de la desigualdad laboral para la economía española. El estudio evidencia las barreras a las que se enfrenta la mujer, que lastran su trayectoria profesional. Este profundo impacto en la economía es resultado de la infrarrepresentación en la valoración de la mujer en el mercado laboral, aunque hay un 5.4 % más de mujeres que hombres en edad laboral. En términos de empleabilidad, la brecha de ocupación alcanzó los 12 puntos en 2018 con una relación de 10 mujeres ocupadas por cada 12 hombres. Y a nivel de desempleo, la diferencia se situó en 3.3 puntos porcentuales. En términos de brecha o desigualdad salarial, las mujeres cobran una media de 5784 € al año menos que los hombres y tienen un coste de oportunidad de 49 502 millones de euros, equivalentes al 4.2 % del PIB español de 2017.

Otra consecuencia es la desigual participación de la mujer en la tecnología. Las familias tienden a propiciar una educación más técnica a los hijos que a las hijas, lo que provoca en las niñas inseguridad en sí mismas a la hora de elegir la competencia de su interés. Este mundo necesita más mujeres en la investigación para dar preferencia a avances en sanidad, medioambiente y en aquellos campos cuyo impacto social beneficia la sostenibilidad del planeta.

Según datos de la Unesco (entre 2014 y 2016), «solo el 30 % de las estudiantes femeninas escogieron estudios superiores dentro del campo de las ciencias, contra el 70 % de hombres en ciencia, tecnología, ingeniería y matemáticas (STEM). Eliminar esta brecha es el objetivo de la Fundación ASTI, que nace en 2017. Impulsa la toma de consciencia de las oportunidades y también de los importantes desafíos de la era de la transformación digital, sabiendo que muchos puestos de trabajo desaparecerán y otros nuevos serán generados y que la clave de esta transición sostenible está y estará en la educación de nuestros jóvenes y la formación en el empleo mediante el desarrollo del talento y la tecnología».

El CSIS 2019 demuestra que la mujer centra preferentemente su investigación en ciencias que contribuyen a la mejora de la sociedad, es decir, directamente a la salud de las personas y del planeta. Igualmente, Red.es (entidad pública adscrita al Ministerio de Asuntos Económicos y Transformación Digital a través de la Secretaría de Estado de Digitalización e Inteligencia Artificial) publicó una magnífica infografía llamada «Pioneras de la tecnología», reconociendo la contribución al desarrollo que han hecho mujeres como Ada Lovelace (madre de la programación informática), Ángela Ruiz Robles (precursora del libro electrónico), Mary Kenneth Keller (desarrollo del lenguaje de programación BASIC) o Radia Perlman (considerada la madre de Internet).

Desde la década de 1990, como publica el profesor Emilio García García de la Universidad Complutense de Madrid, especialistas en neurociencias han realizado numerosos estudios del cerebro que evidencian diferencias significativas entre hombres y mujeres en la organización funcional del cerebro y la actividad mental. El cerebro de los varones es un 10 % más grande y entre un 10 % y un 12 % más pesado que el de las mujeres. El hombre tiene el hemisferio izquierdo más grande, mientras que en la mujer es el derecho. También hay diferencias en el volumen del plano temporal, en las células nerviosas, en las fibras nerviosas que unen los hemisferios..., y todo esto influye en el comportamiento desigual que tienen hombres y mujeres. El hombre se desarrolla con mayor grado de especialización, mayor destreza en el orden espacial y matemático, mientras que la mujer tiene mayor capacidad de emociones, así como de inhibición central de actos impulsivos En general, la mujer tiene una capacidad de pensamiento contextual, mientras que el hombre tiene capacidad de pensamiento lineal. Esto es: la mujer puede abarcar más temas simultáneamente e identificar múltiples relaciones entre los hechos que el hombre. El hombre tiene mayor capacidad de riesgo, mientras que la mujer la tiene de prudencia, entre otros tantos aspectos que los diferencian.

Es necesario asumir que hombres y mujeres son desiguales. No son iguales, ni física ni psicológicamente. Sus formas de analizar y de resolver situaciones varían de forma significativa. Sus prioridades también. Lo que sí tienen ambos es el derecho a una igualdad absoluta de trato y oportunidades en todos los aspectos sociales y económicos. Hombres y mujeres conforman la humanidad y la contribución de ambos a partir de sus múltiples diferencias es lo que garantiza el desarrollo sostenible en todos los terrenos.

7. DISCRIMINACIÓN: COSTE SOCIAL, EMPRESARIAL Y LEGAL

Gestionar la inclusión de la diversidad implica identificar la forma en que las personas actúan para lograr cambios transformacionales hacia el respeto y la potenciación de las diferencias como mecanismo indispensable para mejorar la calidad de la comunicación interpersonal. Para no discriminar. El objetivo es establecer puentes de entendimiento en la gobernanza de países y regiones; incrementar los resultados de empresas e instituciones; y mejorar las relaciones interpersonales para lograr una calidad de vida más harmónica. Lamentablemente, coexisten discriminaciones extremas sin resolver en el mundo a todos los niveles: el genocidio de Birmania, masacres de Siria, el eterno desencuentro de Israel y Palestina, dictaduras devastadoras en países africanos...

Ya en 2012, la discriminación salarial en Estados Unidos entre los honorarios de los altos directivos y el resto de trabajadores se multiplicó por 354 en las compañías del S&P500. Esta práctica ha contagiado el mundo corporativo a nivel mundial. La gravedad de esta discriminación ha llevado al estado de Portland a castigar fiscalmente a empresas cuyos sueldes ejecutivos superen 100 veces los de los trabajadores medios. También es evidente la discriminación por edad: el 50 % de los parados en España son mayores de 45 años. Y con ellos el mundo corporativo pierde responsabilidad, experiencia, red de contactos, madurez o equilibrio emocional, valores que no deben cotizar a la baja en la sociedad.

La discriminación infantil es una triste lacra que condena la Unesco. 2 de cada 10 alumnos en el mundo sufren acoso y violencia escolar, y la institución advierte que el hostigamiento verbal es el más típico, pero que también ha aumentado el ejercido a través de Internet y las redes sociales. Cada año, hay 247 millones de niños y adolescentes en el mundo que están sometidos a una forma u otra de violencia en el entorno escolar. Y, según publicó Domingo Chiappe en 2018, cada mes se suicida un niño menor de 15 años y 274 menores de 18 en España. Por su parte, la violencia de género es una discriminación que ocasiona 87 000 muertes al año según datos de CEDAL, un crimen que ocasiona 1 muerte cada 2.5 horas en América del Sur.

Como representante de España en la ONU Nuria Chinchilla promovió un programa para el Centro Antidiscriminación de la Mujer (CAM) en 2012 que propone que, para cualquier toma de decisión corporativa o de gobierno, deben tenerse en cuenta las 3F: feminidad, familia y flexibilidad que a su vez comportaran las 6C indispensables para construir una sociedad más justa, eficiente y humana: complementariedad hombre-mujer, cuidado, competencias, corresponsabilidad, compromiso y confianza.

La actitud de discriminación o de inclusión se decide nada más ver a una persona. Entonces, empieza un proceso marcado por el estereotipo, los prejuicios... que puede llevar a la discriminación automática, o bien, a la sensibilización, aceptación e inclusión de la persona cuando se la conoce y se puede apreciar su contribución a nivel personal y profesional. La actitud de exclusión y de inclusión de tomadores de decisión condiciona las relaciones entre gobiernos, empresas, instituciones y finalmente entre personas de todos los perfiles diferentes, de una u otra forma. En el mundo empresarial se magnifican estas diversidades. Hoy, existen 230 millones de empresas que operan en 200 países y que entienden que su mercado interior es el mundo. Por tanto, el perfil de sus personas tiene que poder responder a las necesidades y formas de esas culturas, siempre en busca de la mayor eficacia del proceso de cualquier tipo de institución.

Cuando se trata de entender la diversidad de las personas, se debe hacer sobre la base de sus perfiles tanto demográficos como cultura les, lo que pone en evidencia que tanto hombres como mujeres tienen los mismos perfiles de diversidad y pueden sufrir discriminación por múltiples diversidades. Esto es, no directamente por su género, sino, por ejemplo, por edad, discapacidad, color de la piel, religión, cultura, situación familiar o incluso sus habilidades personales o competencias profesionales. Por tanto, es importante reconocer que una misma persona puede estar en posición dominante —en bajo riesgo de discriminación— o en posición subordinada —en alto riesgo de discriminación— en un mismo día y por estar en entornos diferentes. Del mismo modo, podrá estar en posición dominante en su entorno familiar y en posición subordinada en la empresa en la que trabaja bajo las órdenes de un superior.

En el caso de un proceso de selección, es muy probable que se desestime a una persona candidata por más de un aspecto de su perfil: más de 40 años, una cierta nacionalidad de origen, varios hijos... En realidad, lo crucial no es esto, sino la competencia de estos trabajadores. El proceso de selección más aconsejable es sin duda el ciego, para asegurar una selección basada en las competencias, en posibles aportaciones a los fines de la organización, no por aspectos visibles.

En 1952, la Orquesta Sinfónica de Boston tomó una decisión que se haría famosa: las «audiciones a ciegas». Los candidatos tenían que tocar detrás de un biombo para verificar que el género no influía en la evaluación. En 1997, la Filarmónica de Nueva York logró un 35 % de intérpretes femeninas, después de décadas sin una sola mujer. Un estudio de 11 orquestas descubrió que un 55 % de las nuevas contrataciones de mujeres se debían a estas pruebas «a ciegas». Cuanto mayor es la diversidad de las personas y objetos que interactúan, mayor es la velocidad de las diferencias que se crean. Conociendo esta realidad, se pueden gestionar las diferencias que generan este continuo cambio para formar parte de esta gigantesca transformación.

Mientras los habitantes de la isla Sentinel viven en condiciones prehistóricas, los equipos de trabajo de Google crean en tiempo real tecnología punta que cambia el mundo cada día y los científicos de la

NASA exploran el planeta Marte en busca de formas de vida. La isla se mantiene aislada para estudiar el tiempo de desarrollo de nuevas formas de pescar, comer, vestir..., pues la tribu nunca ha tenido comunicación con otros seres humanos. Su capacidad de innovación es nula; siguen viviendo prácticamente como lo hacían hace 5000 años. Sin embargo, en Santa Clara (California), los equipos de Google no solo han desarrollado un buscador que ha revolucionado la forma de vivir, trabajar y gobernar del mundo, sino que han patentado 52 000 inventos que les garantizan una posición mundial dominante difícilmente superable. ¿Cuál es la diferencia? El colectivo de Google lo forman personas de 149 países interactuando con un altísimo nivel de inclusión, mientras que el colectivo de habitantes de Sentinel no ha tenido jamás relaciones con personas diferentes a ellos, lo que demuestra un altísimo nivel de obsolescencia y exclusión.

Para poder entender las causas del comportamiento de personas que forman entornos locales y globales, ya sea en su vida privada o en su vida profesional, es preciso incluir la ciencia de la diversidad como parte básica de la formación académica y de la educación a lo largo de la vida. Las empresas líderes en innovación son organizaciones inteligentes que priorizan los programas continuos de sensibilización en toda su fuerza laboral para favorecer la inclusión de todas sus personas, independientemente de sus perfiles.

Vivimos en un mundo unido donde coinciden diferentes culturas y sistemas de gobernanza y económicos, por lo que debemos asumir que todo lo que pasa en algún lugar en el mundo nos afecta de una forma u otra. Según el efecto mariposa, dadas unas circunstancias peculiares del tiempo y condiciones iniciales de un determinado sistema dinámico caótico, cualquier pequeña discrepancia entre dos situaciones acaba dando lugar a situaciones donde ambos sistemas evolucionan de forma completamente distinta. Si en un sistema se produce una pequeña perturbación inicial, mediante un proceso de amplificación, puede generarse un efecto considerablemente grande a corto o medio plazo en otro entorno.

Un claro ejemplo de esta onda expansiva que tienen los cambios de sistemas en otros sectores aparentemente ajenos son los impactos resultantes de la creación de Apple por Steve Jobs. IBM (International Business Machines) reservó durante años la fabulosa herramienta informática para grandes empresas, lo que transformaría sus negocios y forzosamente la forma de dirigirlas, así como la necesidad de nuevos talentos para optimizar su uso. Steve Jobs quebró esta barrera haciendo realidad el ordenador personal Apple. Fue un invento creado en el garaje de sus padres adoptivos. El equipo de Steve puso al alcance de todas las personas del mundo la oportunidad de acceder y usar la tecnología de la información. La explosión de conocimiento fue exponencial, lo que forzó a IBM a lanzar también un ordenador personal y cambiar así su filosofía de negocio, que no respondía ya a las crecientes necesidades de las personas para avanzar hacia la era del conocimiento y las nuevas formas de trabajo y de vida. El lanzamiento de Apple también coincidió con el primer día en que el CEO de IBM fue al despacho sin corbata, una noticia que se publicó en primera página en *The New York Times*. Este gesto marcó el fin de una era de uso selectivo de la tecnología y terminó con la discriminación que IBM imponía a medianas y pequeñas empresas y al público en general.

Otro ejemplo es el desarrollo del navegador TomTom que se basaba en una aplicación de móvil que marcaba fácilmente la localización de la persona y su ruta hacia la dirección de destino, aunque se volvió obsoleto cuando los coches lo incorporaron a su fabricación. Sin embargo, Carlo van de Weijer, supo reconvertir su empresa de dispositivos de navegación en una compañía de *software* y de datos. La empresa tecnológica holandesa se reinventó a sí misma pasando de vender navegadores al consumidor final a vender a empresas y a Gobiernos el *software* que facilita la gestión del tráfico. Supo reaccionar, identificar oportunidades y reinventar una empresa sostenible.

La variedad y diversidad en la aplicación de las tareas que hacen los drones ilustra perfectamente las oportunidades que se detectan cuando se hace un análisis contextual de los escenarios. Los drones sustituyen funciones de transporte de mercancías (y pronto el de personas), vigilancia de bosques, de seguridad, de espionaje... Las empresas están abocadas a introducirlos si sus negocios lo necesitan. Sin embargo, no hay oferta educativa para preparar expertos en este campo.

Las empresas que dan servicio a la infancia ven cómo disminuyen sus clientes objetivos y cómo cambian sus necesidades, al tiempo que crece la demanda de servicios y de atención a personas mayores. Así, las organizaciones de éxito tienen en su ADN aprovechar las oportunidades que se abren en el entorno, sin obstinarse con perpetuar un producto o servicio específico, ya que las dinámicas continuas los vuelven obsoletos. Esto se puede deber al cambio de gusto de los usuarios, la curva demográfica de edad —que abre mercados para comunidades de otra edad—, nueva legislación, el descubrimiento de una nueva tecnología, cambios en áreas comerciales a nivel local y global, emergentes sistemas de entrega, el auge del mundo lo virtual, cambios climáticos... La competencia no está en otras empresas del sector, ya que todas se encuentran ante las mismas amenazas. La sostenibilidad está en saber detectar los cambios sociales y tecnológicos a tiempo y aprovecharlos, vengan de donde vengan, porque terminan por afectar el sistema.

La diversidad de personas genera nuevas necesidades y realidades a medida que la tecnología introduce impensables descubrimientos y aplicaciones. Las transformaciones de los escenarios hacen imperativa una innovación continua de las políticas públicas y privadas para evitar la obsolescencia y mantener su condición competitiva en los mercados, aunque para ello tengan que cambiar de negocio. Para lograr esta permanencia en los mercados, las empresas necesitan contar con una fuerza laboral diversa capaz de anticiparse a los cambios de los entornos, cada vez más acelerados.

8. DESARROLLO REGIONAL Y SOSTENIBILIDAD GLOBAL

El primer impacto que tiene la diversidad en los entornos es a nivel global. Los conflictos que surgen a nivel político entre las áreas del mundo como resultado de sus macrodiferencias culturales son causantes de la inestabilidad global que caracteriza esta época. Por lo tanto, la incapacidad de aceptar e integrar comportamientos, decisiones y acciones de responsables y líderes de otros territorios condiciona las relaciones entre las naciones y regiones del mundo. Y este es un mundo donde una nación o región ya no puede sobrevivir sola; por fuerza, debe contar con algún tipo de alianza con otras áreas y regiones del mundo. Hoy y en el futuro, la información une el mundo por encima de los intereses de sus dirigentes. La capacidad de innovación de una zona y la capacidad de producción de otras crean una dependencia ineludible, la necesidad de entenderse o morir, así como la capacidad de generar una agricultura que pueda alimentar poblaciones propias y ajenas que no logren organizar su propio suministro. La energía, tan fundamental para el desarrollo de pueblos y naciones, se convierte entonces en una macabra moneda de cambio que fuerza a áreas que carecen de ella, como es el caso de los Estados miembros de la Unión Europea, a pagar precios sociales y económicos desorbitantes. Los imperios petrolíferos han puesto barreras a las energías alternativas y limpias por no entender que dichas empresas no están en el negocio del petróleo, sino que están en el negocio de la energía. Como tal, en lugar de combatirla, deberían financiar desde su inicio la energía hidráulica, eólica, magnética, solar y cualquier tipo de energía no contaminante que no agreda la salud del planeta.

Lo que debería ser una colaboración entre naciones se convierte por culpa de la diferencia en un conflicto que, durante siglos, ha llevado a los pueblos a guerras fratricidas que constituyen gran parte de la historia de la humanidad. Solo a partir del lanzamiento de la primera bomba atómica, al ver la destrucción total que puede traer al planeta, se combate ahora en el terreno económico, comercial, tecnológico e informativo, creando nuevas formas de conflicto en áreas como investigación, economía, oferta de empleo, educación y calidad de vida, a partir de las cuales se alcanzan posiciones de liderazgo a nivel global y local. Para contribuir a implantar políticas que fomenten la sostenibilidad de las regiones, el IEGD desarrolló una investigación basada en indicadores que identifican las fuentes en las que sus dirigentes deben actuar para lograr convertir su región en preferida para vivir, trabajar e invertir.

El modelo de las 4Is mide la inteligencia de la población por el grado de talento que tienen sus habitantes, talento que a su vez contribuye a la atracción de inversiones que crean riqueza en la zona y garantizan la creación de empleo de forma sostenida. Este modelo mide la capacidad de innovación que tiene la población por el número de factores como las patentes que se registran, el número de proyectos de sectores diferentes que pone en marcha su población... Y, como es natural, mide la capacidad de sus gentes para incluir los perfiles diferenciales de sus conciudadanos y así formar una sociedad que pueda disfrutar de una alta calidad de bienestar. También monitoriza la existencia de organizaciones de apoyo a la ciudadanía en las áreas de educación, deportes, ocio y atención a colectivos desfavorecidos para atender las diferentes necesidades en el uso de sus tiempos, así como la capacidad de inclusión de su población. A través de la implementación de este modelo de las 4Is, se detectan aquellas actividades y políticas que la administración regional debe implementar para asegurar un desarrollo continuo.

El Ayuntamiento de Almería aplicó este modelo 4Is en las provincias de Andalucía bajo la dirección de Óscar Palomino Gual, creando un *ranking* de provincias en cuanto a su sostenibilidad. La investigación identificó Granada como la ciudad más sostenible de Andalucía, seguida de Almería, con un nivel de exportación agrícola superior al de toda la comunidad y con un índice de paro inferior al 4 %. Se diseñó un plan estratégico para potenciar aquellas áreas que necesitaban más atención, como el transporte, la educación superior y el soporte inclusivo a inmigrantes. Los cuatro indicadores 4Is se aplicaron también en Catalunya para identificar los niveles de sostenibilidad de sus provincias en relación con su capacidad de inclusión.

Conscientes de la necesidad de capitalizar la diversidad en culturas que configuran la Unión Europea, se han desarrollado magníficas redes de ciudades unidas para encontrar soluciones creativas que garanticen entornos preferentes para las personas. Intercultural Cities es una red de 140 ciudades formada por ayuntamientos, administraciones, entidades públicas y privadas cuyo objetivo es crear políticas y estrategias específicamente diseñadas en el reconocimiento de la inclusión de la diversidad como fuente de desarrollo para la sociedad. Bajo el liderazgo de Irena Guidikova, el primer paso es adoptar e implementar estrategias que faciliten de forma muy positiva la interacción entre los habitantes de la ciudad o región. El propósito principal es lograr intercambiar e implementar proyectos que contribuyan a fomentar un entorno equitativo para toda su población.

«*Making the Diversity Advantage Real*» [Hacer de la diversidad una ventaja real] fue el seminario organizado por Intercultural Cities para promover el mundo corporativo en colaboración con el IEGD el 18 y 19 de octubre de 2012 en la ciudad de San Sebastián. Su objetivo era analizar iniciativas y estrategias que las ciudades pudiesen poner en práctica para promover el mundo empresarial, especialmente las pymes, y así potenciar los beneficios que aporta la diversidad cultural, impulsando al mismo tiempo la inclusión intercultural en las ciudades e incentivando una innovación que eleve la calidad de vida de todos sus residentes. Participaron 43 responsables de 23 ciudades europeas, 1 de Japón y otra de Bielorrusia, que hicieron una gran contribución a la riqueza del debate y al desarrollo del esquema para un plan estratégico que cada ciudad diseñó como resultado del evento. El programa incluía la participación de personalidades del sector público, del mundo empresarial, de ONG, de centros de innovación y académicos... Y durante el seminario se construyó un escenario para analizar el impacto de temas de multiculturalidad que las instituciones deben abordar para convertir la ciudad en preferible para vivir, trabajar e invertir. Los temas claves fueron, entre otros, la diversidad como «caso de negocio» tanto en empresas como en ciudades y regiones; la necesaria diversificación de proveedores —proponiendo incluir pymes entre ellos—; la introducción de innovaciones que las pequeñas empresas puedan aportar y la creación de empleo y, por último, el incremento de la oferta educativa para atraer familias a la ciudad o región y así elevar el nivel de inteligencia de los residentes, lo cual redundaría en su capacidad de atraer inversiones.

Otra actividad continua que promueve esta red es la creación de *startups* de emprendedores de todo tipo de perfil de diversidad. Se trata de la creación continua de actividades profesionales. Intercultural Cities fomenta el partenariado entre administraciones locales y empresas regionales para fomentar actividades dirigidas a la conciliación de la vida profesional y personal de sus habitantes.

En este sentido, el mundo académico es crucial en las labores de Intercultural Cities, pues utiliza la educación desde la infancia para asegurar una cultura integrante desde la vida familiar. También implica una formación continua empresarial en competencias interculturales y la creación de cátedras de la diversidad que impartan *expertise* en la gestión de la diversidad en niveles superiores, para los futuros líderes de organizaciones.

Irena Guidikova, directora global de Intercultural Cities Network, describe así lo que inspira esta institución:

> «Durante siglos, la movilidad humana y la consiguiente diversidad de idiomas, religiones, estilos de vida, ideas y habilidades han sido motores de la generación de conocimiento, el crecimiento y la productividad; pero también fuentes de fricción, conflicto, exclusión y violencia. Es posible maximizar los beneficios de la movilidad y la diversidad al mismo tiempo que se minimizan los costes de gestión. Puede ser este el objetivo explícito de las autoridades públicas y de ser así, a qué nivel/es de gobernanza pueden las autoridades

públicas diseñar y adoptar políticas y narrativas que ayuden a lograr este objetivo Se puede medir la efectividad y el impacto de la política, así como utilizar los conocimientos de esta evaluación para inspirar y alentar a otros a adoptar el enfoque.

En 2008, el Consejo de Europa, el organismo de control de los derechos humanos y la democracia del continente europeo, lanzó un programa experimental para intentar encontrar una respuesta a estas preguntas y diseñar, junto con las autoridades locales, un enfoque radicalmente nuevo para gestionar la diversidad. Un enfoque que posiciona la diversidad como un activo en lugar de evitarla como una amenaza. Un enfoque que buscaba aprovechar la ventaja de la diversidad. El 2008 fue el Año Europeo del Diálogo Intercultural y sirvió de inspiración para el nuevo modelo político de integración intercultural. El programa de ciudades interculturales comenzó con solo 11 ciudades de mente abierta y aventureras en la gran Europa que ahora es una red de más de 140 ciudades en todo el mundo; desde la ciudad de México con más de 20 millones de habitantes hasta Klaskvik en las islas Feroe, con 5000 residentes.

La integración intercultural trata de garantizar la igualdad *de facto*: igualdad de acceso a los derechos y servicios para todos, independientemente de su origen, estado, género, orientación sexual, edad, antecedentes sociales o lingüísticos... Se trata de adaptar las instituciones y servicios urbanos a las necesidades únicas de los usuarios y hacerlos más eficientes, atractivos, rentables y equitativos al codiseñarlos con los ciudadanos.

Este enfoque es muy inusual en la historia de las políticas públicas de las democracias. Hasta hace algunas décadas, la cohesión comunitaria no era una aspiración ni siquiera una posibilidad; ni integrar la diversidad cultural se consideraba una tarea de los poderes públicos.

El programa de ciudades interculturales ha desarrollado metodologías, resúmenes de políticas, manuales académicos, herramientas de aprendizaje de todo tipo, bases de datos de buenas prácticas, un punto de referencia (el índice de ciudades interculturales) y una fuerte comunidad de líderes para ayudar a difundir el "evangelio" y el conocimiento de integración intercultural. La comunidad de ciudades y regiones interculturales es una fuerte coalición para el cambio social, capaz de defender y promover la inclusión contra las probabilidades de los gobiernos reacios a las diferencias. Porque se trata de empoderar a la gente, a las personas que usan y viven la ciudad.

Las naciones y las ciudades no son iguales frente a las exigencias de la gestión de la diversidad. Mientras que los estados-nación debilitados tienden a caer presa de líderes populistas que conjuran la homogeneidad cultural de una edad de oro imaginaria con el objetivo de movilizar el miedo al cambio de los votantes, las ciudades deben adoptar la diversidad como motor del desarrollo. Cada vez más personas llevan vidas segregadas, solo conociendo y comunicándose con quienes piensan como ellos. El espacio público pluralista y de mente abierta se está reduciendo.

Las estrategias de diversidad e inclusión urbanas son cada vez más sofisticadas e interculturales (ya no tiene mucho sentido hablar de mayoría y minorías en ciudades como Ginebra, Londres y Ámsterdam), menos dependientes de proyectos de regeneración masiva y puntos de referencia icónicos diseñados para atraer a extraños, no para construir comunidades, y más sobre enfoques «ecosistémicos» que involucran a los habitantes como arquitectos y mentes maestras de su propia creación de espacios.

Ciudades como Reggio Emilia en Italia y el distrito londinense de Lewisham, para garantizar un proceso democrático e inclusivo, han ido de puerta en puerta con intérpretes, para que personas de diferentes orígenes y niveles de dominio del idioma local puedan contribuir al proceso de regeneración de la ciudad y expresar sus inquietudes.

En Lisboa, el festival anual de *Todos* de Muoraria reinventa el presente y el futuro de su barrio a través de los sonidos, olores, historias, sueños y esperanzas de los habitantes. Se empodera a las personas de origen migrante, y fomentan la autoexpresión de las personas con discapacidades.

El equipo de Designing Dublin (incluidos muchos voluntarios de la Administración de la ciudad) comenzó tratando de comprender este fenómeno y luego encontró formas de convertir el centro en un lugar más vibrante, atractivo y acogedor para una gama más amplia y diversa de residentes, visitantes y entusiastas urbanos, etc. El proyecto cubrió todo el ciclo de innovación social:

pensamiento *innovador*, deseo de cruzar fronteras, conversaciones intensivas con ciudadanos de todo tipo de orígenes sobre su visión de la ciudad y las características que harían el centro más atractivo y acogedor, convirtiendo las mejores ideas en prototipos e implementando aquellas que resultaron un éxito.

En la República de Corea, Ansan City tiene la función de dar apoyo a la Oficina de Educación regional. Dirige 34 655 centros de apoyo educativo para ayudar a los estudiantes en su proceso de aprendizaje».

Una herramienta muy efectiva es la Red Anti-Rumores (EAR) creada por Daniel de Torres se impulsó por primera vez en Barcelona en 2010 en el marco del plan intercultural de la ciudad y, en la actualidad es la herramienta básica de discriminación de la Intercultural Cities Network. La estrategia antirrumores está diseñada para intervenir las narrativas sobre diversidad basadas en prejuicios y falsos rumores; *fake news*, que se utilizan en discursos populistas que estigmatizan a colectivos socioculturales diversos y dificultan su inclusión en la socioeconomía de países y regiones... Los agentes antirrumores invitan a «leer» la realidad a través de prejuicios e ideas previas y no al revés. Y proponen motivos potentes para propiciar ese cambio de actitud y evitar que las noticias falsas desvíen el juicio de la personas. El Manual Antirrumores, publicado por el Consejo de Europa y que se ha traducido a diversas lenguas, entre ellas el árabe y el japonés, recoge el enfoque metodológico de la estrategia y ejemplos prácticos de experiencias de diversas ciudades.

Eurocities es la red formada por las grandes ciudades europeas que reúne 130 ciudades de 30 países de Europa. La red involucra sus gobiernos e instituciones públicas y privadas en un gran movimiento que se ha convertido en interlocutor válido con la Unión Europea y las administraciones de cada país. Promueve soluciones para problemas existentes tanto económicos como sociales o medioambientales.

Smart City es una red promovida por ML Martínez fundada en 2016 con 25 ciudades. En 2020, ya contaba con 65 nuevas ciudades miembros. Su visión es «ser una plataforma global reconocida por beneficiar a todos sus agentes», y su misión es «conectar diferentes *smart cities* en un ecosistema de partenariado para compartir y crear oportunidades de negocio». Sus valores son «buscar la excelencia de nuestros creadores de riqueza con un fuerte compromiso con clientes, socios, miembros y empleados».

Cities of the Future es un mapa de ruta para administraciones hasta 2030. Aún no se ha determinado cómo emergerán las ciudades de la crisis de la COVID-19, pero ese momento sin precedentes abre la puerta a nuevas formas de pensar y de hacer. *Route Fifty* (publicación de noticias digitales de Government Executive Media Group) organizó un evento virtual durante el cual un impresionante número de líderes de la ciudad pusieron en marcha sus motores creativos para convertir nuevas ideas en realidad.

La necesidad de rediseñar continuamente el entorno cercano ha hecho emerger redes de ciudades y regiones para gestionar las crecientes diversidades de sus ciudadanos y así garantizar su posicionamiento en los escenarios futuros.

9. LA CIENCIA DE LA DIVERSIDAD: LA INVESTIGACIÓN COMO BASE DE LA EFICACIA

A través de los diferentes estudios empíricos planteados en línea con estos objetivos, el Instituto Europeo para la Gestión de la Diversidad, bajo la dirección del doctor Gonzalo Sánchez Gardey, se planteó profundizar en el análisis de una serie de dimensiones de la diversidad sobre las que aún no hay consenso en la comunidad científica. La complejidad de esta cuestión de estudio hace especialmente importante partir de un trabajo riguroso de revisión de los trabajos planteados con anterioridad por diferentes investigadores y grupos interesados en esta materia. El doctor Sánchez Gardey siempre ha planteado esta forma de unirse al debate científico y contribuir con las evidencias que pudiera obtener de la realidad española, un ámbito en el que se han desarrollado un limitado número de estudios científicos sobre esta materia.

El análisis de las consecuencias de la diversidad de la fuerza de laboral es uno de los campos de investigación más recientes en el ámbito organizativo. Su corta evolución ha estado marcada además por un desarrollo vertiginoso, que ha dado lugar a un panorama actual caracterizado por la dispersión de enfoques, aproximaciones y conclusiones. Así, una de las características básicas de toda investigación que quiera llevarse a cabo en este ámbito ha de ser, necesariamente, la multidisciplinariedad, como único camino para estudiar la diversidad en toda su complejidad.

Revisando la literatura especializada, se observa que el interés por la diversidad de los recursos humanos cristaliza como una línea de investigación a finales de los años ochenta y principios de los noventa, a medida que las transformaciones sociales, económicas y demográficas que se encuentran en la base de este fenómeno se comienzan a percibir como una tendencia permanente. Del análisis de los primeros trabajos que incorporaron la diversidad de todos los ciudadanos, así como recursos humanos en el debate acerca de la organización de empresas y la dirección estratégica, se desprende la importancia que, como impulsores de esta línea de investigación, tuvieron los informes (Ahlburg y Kimmel, 1986; Johnston y Packer, 1987; Offerman y Gowing, 1990; IPD, 1996) a los que hace alusión en la introducción a la tesis publicada por el doctor Gonzalo Sanchez Gardey.

El incremento de la diversidad demográfica trae consigo nuevas cuestiones de investigación que requieren una orientación más pluralista. La profundidad del cambio planteaba un reto muy evidente a los paradigmas organizativos anteriores que, a juicio de Glynn, Barry y Dacin (2000), tendían a ofrecer explicaciones homogeneizadoras, enfatizando en la búsqueda de principios unificadores para favorecer el consenso, la legitimidad o la identidad (Eigel y Kuhnert, 1996). Los primeros trabajos que comenzaron a dar respuesta a esta necesidad provinieron fundamentalmente de entornos de publicación estadounidenses y británicos, en los primeros años de la década de los noventa. Así, encontramos algunos trabajos que pueden considerarse pioneros en este campo, los primeros intentos por ofrecer una explicación de las consecuencias de la diversidad demográfica en las organizaciones: Tsui y O'Reilly (1989); Cox (1991); Cox y Blake (1991); Tsui y Ashford (1991); Ross y Schneider (1992); Jackson y Álvarez (1992); Wiersema y Bantel (1992) o Watson, Kumar y Michaelsen (1993). A partir de este punto, sobre todo en los años noventa, el número de trabajos dedicados al análisis de la diversidad experimentó un crecimiento exponencial, triplicándose el número de artículos y obras científicas desde 1970 al 2000.

La amplitud de la diversidad de los recursos humanos como problema de investigación favoreció la dispersión de literatura especializada en este tópico desde prácticamente su origen. A pesar de los importantes avances en la delimitación del concepto o en la explicación de los efectos de la heterogeneidad, los modelos propuestos fueron desarrollados desde perspectivas de investigación muy diferentes, por lo que la integración de proposiciones y la comparación de resultados se hace especialmente complicada. Revisando los primeros modelos que a lo largo de la década de los noventa se fueron proponiendo, se advierte que esta falta de consenso se concreta, básicamente, en torno a cuatro aspectos: el concepto de diversidad, el nivel de análisis de los diferentes trabajos, los fundamentos teóricos que sustentan los diferentes modelos propuestos y los objetivos que guían cada uno de los proyectos de investigación.

Se pueden encontrar en literatura definiciones muy diferentes de diversidad, como se ha mencionado anteriormente. Aunque en todas subyace la idea de heterogeneidad en una serie de factores demográficos, los atributos seleccionados en cada uno de los casos para componer este constructo son muy diferentes (Jackson, Joshi y Erhardt, 2003). Así, es posible encontrar trabajos que centran su análisis en la heterogeneidad de la fuerza laboral en relación con aspectos como el género (Kanter, 1977; Acker, 1992; Mills y Tancred, 1992; Ibarra, 1992 y 1993; Dickens, 1998), la procedencia étnica (Cox y Blake, 1991; Fujita y O'Brien, 1991; McLeod y Lobel, 1992; Cox, 1993; Watson, Kumar y Michaelsen, 1993; Ibarra, 1995; McLeod y Lobel, 1996; Ng y Tung, 1998), la edad de los trabajadores (Waldrum y Niemira, 1997; Richard y Shelor, 2002) o la presencia de empleados con algún tipo de discapacidad (Baldwin y Johnson, 1994; Cleveland, Barnes-Farrell y Ratz, 1997; Jones, 1997; Klimoski y Donahue, 1997; Dibben, James y Cunningham, 2001). Incluso, en ocasiones, los factores de heterogeneidad considerados han ido más allá de los atributos demográficos, en forma de atributos no visibles, de carácter psicosocial, como habilidades cognitivas, valores, proactividad o aversión al riesgo (Allinson y Hayes, 2000; Brickson, 2000). Por último, en modelos como los propuestos por Finn y Chattopadhyay (2000), la diversidad se ha entendido como una realidad multidimensional que combina diferentes atributos demográficos cuyos efectos son analizados de manera conjunta. La dispersión de la literatura en estos primeros años también se pone de manifiesto en la coincidencia de modelos propuestos para niveles de análisis diferentes. A pesar de que los más comunes se desarrollan a nivel de grupo (Milliken y Martins, 1996; Harrison, Price y Bell, 1998), la diversidad también ha sido analizada desde el punto de vista del individuo (Brickson, 2000) o de la organización (Richard, 2000). La tercera conclusión que se desprende del análisis del origen del tratamiento científico de la diversidad de los recursos humanos es su marcado carácter interdisciplinar. Como cabría esperar de un problema de investigación social como el que nos ocupa, los fundamentos teóricos a partir de los cuales se desarrollaron los primeros modelos explicativos también han sido muy variados. De esta manera, para analizar cada una de las dimensiones que abarca esta realidad organizativa se han aplicado teorías que tienen su origen en campos tan diferentes como la sociología, la psicología organizativa, el comportamiento de grupos o la dirección estratégica (Jackson y Ruderman, 1996).

Con el objetivo de reorganizar las diferentes aportaciones realizadas, autores como Richard y Johnson (1999) o Jackson *et al.* (2003) han planteado revisiones de la literatura. De todas ellas, se desprende la necesidad de profundizar en el análisis del desarrollo académico de la disciplina y de valorar el grado en que las diferentes aportaciones pueden ser integradas en un modelo que, como sugieren Milliken y Martins (1996) o Benschop (2001), explique los efectos de la diversidad, así como en qué medida pueden gestionarse.

SEGUNDA PARTE

10. EL MÉTODO: ESTRATEGIA GLOBAL CORPORATIVA

En entornos en creciente velocidad transformacional, se impone disponer de políticas que contribuyan a la sostenibilidad de las organizaciones, ya sean empresas de todos los tamaños o instituciones públicas y privadas. Ante la necesidad de crear sistemas para garantizar la eficacia de las mismas, las empresas e instituciones deben desarrollar métodos que respondan a sus estructuras para establecer un plan estratégico corporativo que incluya la gestión de la inclusión de las diferencias.

Según debe establecer el Consejo de la Diversidad de la empresa, la misión de la misma debe ser la de crear un modelo corporativo de gestión de la diversidad. Y en el caso del Grupo Adecco Internacional es aún más crucial, ya que, por su especialización en selección de personas, sirve de referente para otras empresas y funciona como ejemplo de buenas prácticas. Este modelo aporta valor al negocio del Grupo Adecco, así como a las empresas de su entorno.

En lo que respecta a la gestión de la diversidad, Adecco establece los siguientes principios:

- Cumplimiento legal. Cumplir con las normativas y directivas españolas y europeas sobre igualdad de oportunidades, diversidad e integración laboral.

- Gestión del talento. El objetivo de la estrategia global es poner en valor la diversidad corporativa como elemento que potencia la gestión del talento en el Grupo Adecco (atracción, retención y promoción del talento).
- Relación con grupos de interés. Crear un modelo de gestión de la diversidad orientado a definir y mejorar la relación con los principales grupos de interés.
- Igualdad de oportunidades (RR. HH.). Crear políticas y un entorno laboral que fomenten la igualdad de oportunidades para empleados actuales, potenciales y PASS.
- Integración laboral. Crear iniciativas y mecanismos que favorezcan la integración laboral de personas con especial riesgo de discriminación y exclusión laboral.
- Posicionamiento del Grupo Adecco. Lograr fortalecer el lugar del grupo como referente en la gestión de la diversidad y el talento.

Hoy y en el futuro, una organización tiene que mantener un fuerte compromiso en la creación de una fuerza laboral diversa sobre la cual basar su estrategia de sostenibilidad. Cuando se cuenta con una plantilla diversa y con un altísimo nivel de inclusión, puede sacarse provecho de las diferencias en los perfiles de los gentes y convertir esta fuerza laboral en el recurso más valioso de la organización desde su propia base y misión corporativa. Se trata de una herramienta para optimizar los cambios continuos de los escenarios y desarrollar políticas proactivas que preserven la sostenibilidad de la entidad en entornos VUCA, volátiles, inciertos, complejos y ambiguos, y también diversos.

Según una investigación realizada por el IEGD, en España solo el 26 % de las empresas creen en el valor que aporta la cultura de sus trabajadores, un factor crítico para generar beneficios. Estas empresas operan sobre el principio corporativo de que la diversidad cultural constituye un valor crucial para la organización, mejorando patrones de comportamiento y otros niveles de eficacia. Sin embargo, un 54 % de las empresas no fomenta la aportación de ideas por parte de sus empleados, un 26 % se encuentra totalmente en contra de otorgar esta libertad, así como de incluir la opinión e ideas de los trabajadores en cuestiones que afectan a nivel organizacional de la entidad.

Tres consecuencias se derivan de este comportamiento, condicionando el desarrollo sostenible de la organización en entornos cada vez más volátiles.

- Toda la responsabilidad recae en el fomento de la innovación de estrategias empresariales por parte del equipo gestor, que suele estar más centrado en generar resultados a corto plazo. Con demasiada frecuencia, para mantener el liderazgo, el equipo gestor no es proclive a analizar posibles escenarios futuros para detectar oportunidades que requieran profundos cambios de negocio a largo plazo.
- El perfil de la fuerza laboral refleja casi imperativamente el de los agentes externos, sobre todo clientes y proveedores. De lo contrario, fallaría el engranaje de comunicación imprescindible entre los diferentes colectivos que constituyen la unidad, que es la empresa.
- Se genera una enorme pérdida de talento y, por tanto, se pierde la oportunidad de definir procesos más eficaces e innovadores, tanto en la creación de productos y servicios para el entorno externo de la empresa, como para mejorar los sistemas internos responsables de su productividad. Como hemos visto, el poder de la diferencia implica la propuesta de soluciones creativas para mantener esas posiciones de liderazgo hacia el futuro.

Los dirigentes de la empresa de ferrocarriles de Estados Unidos a finales del siglo XIX no supieron ver que no estaban en el negocio del ferrocarril, sino en el del transporte. Trataron de combatir la aparición de la aviación como sistema de transporte de personas y de mercancías y, como es natural, perdieron la batalla, porque la evolución no se detiene. La organización que se empecina en repetir lo conocido y en esperar que los cambios externos no afecten su posición en el mercado están abocadas al fracaso. Si New York Central hubiera financiado la aviación, posiblemente sería hoy líder de transportes a nivel mundial.

Lo mismo se debe aplicar a empresas petrolíferas, puesto que en realidad no están en el negocio del petróleo, sino en el negocio de la energía. Si las poderosas empresas petrolíferas hubieran financiado las energías alternativas como base de su negocio, el mundo no sufriría el irreparable grado de contaminación que hoy amenaza la existencia de la humanidad.

En el radical cambio de escenario de la pandemia, el sector hotelero no se ha dado cuenta de que no está en el sector turístico, sino en el del alojamiento. Deberían desarrollar ofertas para las necesidades de alojamiento existentes en el mercado, como escuelas y hospitales que necesitan más espacio; personas que viven solas (600 000 en España) y necesitan compañía o espacios de trabajo compartido... En este sentido, Corals Hotels de Canarias ha captado y aprovechado esta oportunidad de forma excelente; en la actualidad, tienen *overbooking* en sus siete hoteles cuando la mayoría de los alojamientos de las islas están cerrados o arruinándose con ocupaciones mínimas.

A ciertas organizaciones les será muy difícil suplantar la posición de liderazgo que tienen en los mercados, sobre todo aquellas que se nutren de las transformaciones sistémicas que se crean en los escenarios de forma continua y cada vez a mayor velocidad. Sistémicas, porque los diferentes comportamientos de los agentes del entorno no dejan huecos para que alguna organización los ocupe. Todo lo contrario, afectan y obligan al cambio a todos los demás agentes y organizaciones. Por ejemplo, un cambio en la legislación que prohíba el uso de material plástico de color rojo para el calzado no solo afecta a los fabricantes de calzado, sino también a proveedores de materiales, a empresas relacionadas con productos y sistemas para la pigmentación, a sistemas de distribución de calzado, a establecimientos físicos o virtuales de venta, así como a circuitos de distribución de otras regiones y países para nuevos usuarios con distintas preferencias, etc. A su vez, provocaría el cierre de este nivel de empresas o la transformación de las mismas si quieren seguir operando económicamente estables en los mercados. La discontinuidad generalmente no llega a una empresa de calzado desde otro fabricante del mismo producto, sino desde un agente externo que afecta a todas las empresas del sector por igual.

El método que propone el IEGD es una hoja de ruta, un proceso muy efectivo para introducir y sostener una cultura corporativa activa de la inclusión y la gestión de la diversidad como «caso de negocio» (*business case*), con la vista puesta en la constante mejora de la cuenta de resultados. Proceso que, además, mejora el entorno social de la organización y optimiza sus recursos tecnológicos como consecuencia de la labor cooperativa de todas las personas de la organización, independientemente de la dimensión de la misma o de que sea una entidad pública o privada. Una investigación realizada en España por el IEGD en 2016 refleja una visión pesimista de la actitud de las instituciones hacia la necesidad de inclusión de su población laboral.

En España, solo el 18 % de las empresas protocoliza su generación de conocimiento para potenciarlo en las diferentes aéreas de la organización y enriquecer la generación de futuros proyectos diversos. El 32% entiende que es una función importante que se debería realizar, mientras el 48 % no tiene registro de sus experiencias ni memoria del valor aportado por la diversidad a la organización. En lo que se refiere a generar nuevas ideas, solo el 37 % de las empresas en España admite y cuenta con sus trabajadores como fuente de creatividad a la hora de proponer y poner en marcha nuevas ideas. El 34 % cree que la implementación de nuevas ideas es una característica fuertemente moderada por la plantilla en general, mientras que el 28 % desestima totalmente la necesidad de nuevas ideas como actividad en manos de los trabajadores.

No es de extrañar, cuando solo el 9 % de las empresas tienen estrategias establecidas que estimulan a las personas a aportar sugerencias que luego puedan convertirse en programas que contribuyan al éxito de la organización. Esta actitud por parte de la gerencia del 28 % de las empresas refleja una dramática resistencia al cambio y una cultura corporativa que pone barreras y no «da permiso» a la puesta en marcha de nuevas iniciativas por parte de la fuerza laboral. Lo que es un error, pues la creatividad es consecuencia del permiso que dan los tomadores de decisiones a su equipo para la implementación de propuestas creativas que les permitan ocupar una posición competitiva en los escenarios actuales y futuros.

11. COMPROMISO CORPORATIVO: MISIÓN ECONÓMICA Y SOCIAL

Gestionar la inclusión de la diversidad en una organización es un compromiso que asume la dirección de la empresa y que afecta al comportamiento de su conjunto. No se pueden gestionar las diferencias en un sector de la empresa y no en el resto, porque el proceso empresarial obliga a un comportamiento ético, a un nivel de profesionalidad, de igualdad en la política de comunicación, promoción y compensación para ser verdaderamente eficaz. No se pueden crear programas de incentivos para un perfil específico de trabajadores, ya que se incurre en una discriminación positiva que traerá conflictos y demandas judiciales.

#TalentoSinEtiquetas es la estrategia de diversidad e inclusión de Adecco: todas las personas son iguales y cada persona es única. Así, la organización se adelanta al futuro del empleo y crea un modelo innovador, referente para sus clientes, para sus candidatos y para toda la sociedad. Esos son los principios de la empresa, los que guían su forma de actuar, su forma de ser, de entender y de liderar el mercado laboral. Esta iniciativa parte del Comité de Diversidad del Grupo Adecco en España, liderado por Encarna Maroño y Francisco Mesonero, pero representado por todas las líneas estratégicas (servicio, comercial, recursos humanos, comunicación y responsabilidad corporativa) para convertir la diversidad en un valor fundamental de la compañía.

Del mismo modo, sirve de referencia a todas las empresas Adecco a nivel internacional. «Acabamos con todas las etiquetas existentes en el mercado laboral para crear un nuevo modelo de selección centrado al cien por cien en el talento de las personas para garantizar un servicio que agregue valor a la fuerza laboral de nuestros clientes. Teniendo siempre como objetivos básicos el cumplimiento de la legislación, la relación con grupos de interés, garantizar la igualdad de oportunidades, con el máximo de integración laboral para asegurar el liderazgo de la empresa en los mercados globales como referente en la gestión de la diversidad y el talento».

Rosa Alarcón Montañés, presidenta de Transportes Metropolitanos de Barcelona, manifiesta en la Memoria de 2020: «Gracias a la implicación de todas las personas, hemos podido lograr, con buena nota, todo lo que es fundamental para TMB. Esta dedicación para dar respuesta a las necesidades de nuestros conciudadanos no nos ha hecho olvidar otros objetivos también importantes, como la prevención del medio ambiente y la mejora de la calidad del aire, trabajando de forma inclusiva e integradora, y con voluntad de innovar y mejorar constantemente el servicio que damos. Un compromiso que, ahora más que nunca, no permite entender Barcelona y su área metropolitana sin TMB».

Construcción de escenarios de futuro para la planificación estratégica

Para que una corporación sea sostenible actualmente, debe tener muy claro su enfoque a medio y largo plazo: hacia dónde quiere, sabe y puede avanzar hacia el futuro y con qué herramientas cuenta. Porque el futuro empezó ayer, así que limitarse a gestionar el entorno presente solo trae obsolescencia a la empresa. Por lo tanto, un equipo gestor que realiza continuamente análisis de tendencias y construcción de escenarios previsibles mantiene a la organización alerta y en una posición de liderazgo sostenible.

Por ejemplo, Inditex (propietaria de Zara) ha hecho un giro importante hacia el mercado inmobiliario para sostener el margen de beneficio al que aspira la corporación. Esto no quiere decir que deje de mantener su liderazgo —basado en el principio de ofrecer tiempo récord moda de calidad y diseñada para el entorno cultural de los perfiles de clientes de tiendas, en distintas ciudades y países del mundo—. La moda que se ofrece en las tiendas de la Quinta Avenida de Nueva York no es la misma que la que se ofrece en las tiendas de Vigo. Zara seguirá innovando en sistemas de detección de tendencias, gestión de proveedores, sistemas de producción, logística y distribución para mantener su sistema engranado y altamente eficaz.

Sin embargo, como propietaria de los inmuebles de las tiendas, puede regular los márgenes de beneficio compensando los desórdenes de divisas, de demanda y de producción globales. Se trata de una política financiera que, como resultado del paro económico causado por la pandemia, se ha visto aún más afectada. Inditex deberá remodelar todo su parque inmobiliario para redefinir su mayor fuente de beneficios en el futuro incierto de la venta física en tiendas y potenciar su presencia virtual como canal preferente de moda y distribución.

Hay que desarrollar el arte de enfrentarse a grandes cambios que traen alianzas entre regiones del mundo que conforman un escenario muy diverso. Todas las empresas de un mismo sector se enfrentan a los mismos retos externos, lo que influye de forma determinante en la existencia o discontinuidad de las mismas. Por tanto, analizar los movimientos y las tendencias de los escenarios futuros implica una visión más amplia de la dirección hacia la que la corporación debe avanzar y potencia que los megacambios trabajen a su favor y no en su contra para que la integración de los perfiles diversos de trabajadores garantice a la empresa habilidades y competencias que contribuyan a su liderazgo a medida que cambian los entornos. La gerencia debe apostar por actividades con más margen de beneficio y por un talento excelente y diverso para implementarlas.

En los años sesenta, el envase de vidrio concedió a Gervais un amplio margen de liderazgo e incluso compró la fábrica de vidrio, ya que era el coste más alto del producto. Del mismo modo, fue usando los diferentes tipos de envase a medida que se iban desarrollando para garantizar la calidad del producto al más bajo coste de producción.

Ray Kroc, fundador de McDonald's, entendió que el beneficio corporativo de la red franquiciada de establecimientos de comida rápida no estaba en la venta de hamburguesas, sino en el alquiler de los locales a los franquiciados. El imperio McDonald's se ha extendido a todos los continentes y su oferta de comidas se adapta a la cultura y gustos de cada país. La *burger* que se come en Moscú no sabe igual que la de Pekín, la de España o la de Bombay. Lo que sí es igual es su marca, su política corporativa y su estructura de negocio basada en la localización de los locales.

Equipo de la diversidad

Una política de inclusión de la diversidad es una estrategia corporativa que afecta a toda la plantilla de la organización. Es responsabilidad de una persona o equipo que responde directamente al máximo gestor de la organización y su eficacia debe poderse medir de forma tangible e intangible.

Quien lidera el equipo, el comité o el consejo de diversidad debe saber formar un grupo de personas que represente a todas las áreas de la organización para que sus componentes se sientan integrados y se estimule el sentido de pertenencia, permitiendo al mismo tiempo establecer un canal de comunicación interactivo entre el grupo gestor y el total de sus personas, dondequiera que se sitúen en el organigrama de la entidad.

Sandra Deltell Díaz, socia y responsable de Inclusión y Diversidad de PwC España explica el compromiso de la compañía con estas cuestiones: «Desde el año pasado contamos con un Consejo de Inclusión y Diversidad Global formado por diez líderes sénior de la firma en todo el mundo, que representan distintos ámbitos de nuestro negocio y de nuestra operativa. Una muestra clara de nuestra intención de avanzar en esta materia de forma conjunta en todos los países en los que nos encontramos, y de hacerlo desde los niveles más altos de nuestra organización. Este consejo se encarga de fijar los programas, las iniciativas y las políticas que deben adoptarse en todo el mundo y de apoyar a los y las responsables de Diversidad en cada país y en cada área geográfica para que pongan en marcha iniciativas a nivel local. Ya en el año 2004, PwC reconocía la diversidad como un imperativo de negocio y un facilitador de nuestra estrategia internacional. Y, en 2015, la estructura de liderazgo y los órganos de gobierno global de la red de firmas de PwC asumieron la diversidad y la inclusión como una prioridad».

Es importante lograr que cualquier persona de la organización se sienta legitimada para presentar una iniciativa al equipo de su área o de su filial o al corporativo. Generalmente, cuando se acepta una idea o iniciativa, esta se ejecuta y la persona pasa a formar parte del equipo.

Un buen ejemplo es el proyecto de responsabilidad social corporativa de Henkel y DHL, en alianza con la asociación Artistas Diversos, que patrocinan concursos para premiar obras de artistas con discapacidad; obras que luego decoran sus salas de reuniones y despachos en general. Henkel hace coincidir la entrega de premios con la Semana de la Diversidad de la empresa a nivel internacional. Los trabajadores votan para seleccionar las obras premiadas, participan en el proyecto y lo hacen propio.

Durante años, TMB (Transportes Metropolitanos de Barcelona) ha autorizado el fomento y la creación de equipos con ideas de productos o servicios útiles para la empresa. Si un empleado o empleada tenía una idea innovadora, la presentaba al Departamento de Diversidad y, si era aceptada, se le permitía reclutar técnicos de las diferentes áreas de TMB que contaran con la competencia necesaria para el desarrollo del proyecto. El equipo resultaba ser extraordinariamente diverso por las competencias y los rasgos demográficos que incluía. Disponían de tiempo y espacio para trabajar en una presentación del proyecto y, una vez terminado, el proyecto se presentaba en un evento corporativo, TMB Innova. La empresa utilizó todos los inventos que se desarrollaron, ya fuesen piezas para los frenos de los vagones, sistemas para mejorar las instilaciones o peldaños automáticos para facilitar el acceso de personas con movilidad reducida a los vagones. Bajo la dirección de Manuel Barriga se presentaron 72 equipos de empleados con sus innovaciones e incluso se patentaron 3 ideas totalmente nuevas al mundo. La movilidad de los miembros del equipo es importante, ya que, cuando se deja el equipo después de haber promovido un proyecto, los trabajadores suelen convertirse en «embajadores de la diversidad», personas que con más empatía e interés promueven la inclusión en toda la estructura de la empresa. Otro gran ejemplo es el Grupo Bimbo, para el cual

«La inclusión de la diversidad es la habilidad o capacidad de una organización para lograr la participación activa de todos sus miembros en la creación de valor».

También es interesante ver como la UEFA, en cooperación con FARE (Football Against Racism in Europe), promueve la campaña contra el racismo en el fútbol, cuyo objetivo es transmitir los aspectos positivos de la diversidad cultural, para lo que se ha contado con la participación de grandes patrocinadores del torneo. España logró alzarse con el triunfo de la Eurocopa 2012.

Marcar objetivos e indicadores

Marcar los objetivos que se desean alcanzar es esencial para identificar los perfiles que deben tener los miembros de la plantilla y colaboradores de la empresa u organización, pues serán quienes impulsen a la entidad hacia el futuro. Estos perfiles deben ser los indicadores que definan la forma de medir el resultado de cada proyecto diseñado para fomentar la inclusión. Así se podrán asignar correctamente los recursos de la organización a proyectos que contribuyan más a la cuenta de resultados. Si una empresa tiene prevista una expansión de futuro a tres nuevos países, el proceso de selección para nuevos trabajadores y colaboradores tiene que establecer como principio el de identificar a aspirantes que tengan la capacidad y el talento requeridos por la vacante, teniendo en cuenta un perfil demográfico y cultural que refleje esos nuevos mercados, para contribuir a la estrategia futura corporativa de internacionalización.

El estudio realizado por Paul Gompers, profesor de la Harvard Business School, y Sophie Wang prueba que la probabilidad de éxito de una nueva empresa que salga a bolsa o se venda por una cantidad superior a la invertida es un 3 % mayor si hay mujeres entre el equipo inversor y gestor de la nueva empresa. Igualmente, prueba que el retorno sobre la inversión es solo un 3 % superior si el equipo es homogéneo (hombres de la misma edad, misma formación y mismo nivel de estudios universitarios) y que el perfil femenino influye más que la edad, cultura y otros rasgos diferentes cuando se aspira a lograr eficacia en la rentabilidad de la empresa.

Contar con una fuerza laboral diversa permite asignar proyectos a aquellos trabajadores cuyos perfiles reflejan el de los clientes o población objetivo. Cluster, la empresa catalana de gestión de tecnología móvil, seleccionaba y reclutaba en los años noventa a sus personas asegurándose de que en la plantilla había nativos de todos los países donde tenía contratos y operaciones. Los trabajadores se incluían en el equipo gestor de cada proyecto —con diferentes cargos y funciones— en función de su contribución cultural y frecuentemente solo asistían a las reuniones de planificación para asegurarse de que el plan de negocio respetaba la cultura y forma de pensar del país destino del proyecto. Cluster fue una empresa con un nivel de eficacia que la llevó a liderar el sector en su época. La estadounidense Diamond compró Cluster en el 2000 por 1000 millones de dólares.

Muchas organizaciones están atrapadas entre la diversidad generadora de innovación y la homogeneidad que contribuye a la obsolescencia de las organizaciones. No es de extrañar que España ocupe el puesto 49 en falta de eficacia empresarial según el *ranking* mundial, poniendo de relieve una resistencia al cambio de muchos tomadores de decisión en el mundo corporativo. Aunque afortunadamente hay grandes excepciones, solo el 13 % de las empresas españolas consideran que la diversidad de la fuerza laboral sea un factor positivo en la empresa. El 53 % son conscientes de estas crecientes diferencias y lo asume de forma pasiva, es decir, sin potenciarlo como valor. Y el 32 % creen que las diferencias entre personas, sobre todo cuando no responden al estereotipo de la empresa, constituyen un aspecto negativo tanto para la institución como la plantilla.

Afortunadamente, un 15 % de empresas buscan activamente perfiles diferentes que puedan integrar una fuerza laboral que no sea homogénea, aunque un 68 % pone barreras y discrimina a quienes tienen perfiles diversos. Este comportamiento puede causar la pérdida de oportunidades de negocio o generar conflictos. Debido al cambio de paradigma que aportan personas que no responden al estereotipo de la organización, la homogeneidad tradicional y resistente al cambio puede conducir a la obsolescencia.

Accenture es un gran ejemplo de compromiso corporativo con la diversidad. Es una empresa multinacional de servicios profesionales que forma parte de *Fortune Global 500* y opera en España, atendiendo a clientes en más de 120 países con 469 000 empleados, una facturación de 43.2 millones de dólares y unos beneficios de 1691 millones de dólares en 2019. Julie Sweet, consejera delegada de Accenture, y Patrick Rowe, director y asesor general adjunto manifiestan: «En el escenario actual, vamos más allá del mero cumplimiento legal y profesional. Innovamos con integridad al utilizar nuestro conocimiento de la tecnología y su impacto en las personas para desarrollar soluciones inclusivas, responsables y sostenibles a los complejos desafíos empresariales y sociales. Para hacerlo bien, debemos capacitar a nuestra gente para que tome buenas decisiones, actúe con responsabilidad y se comunique con asertividad».

12. SENSIBILIZACIÓN: IMPLICACIÓN DE TODOS LOS MIEMBROS

Una actividad continua del líder de diversidad es la de implementar programas de sensibilización hacia la inclusión de personas con perfiles diversos de forma transversal en toda la organización. Concienciar a los trabajadores de que todos son diferentes y de que sus diferencias constituyen una fuente de riqueza para la organización, así como para ellos personalmente. Informar del derecho a tener perfiles diferentes. Impulsar un comportamiento que es social y profesionalmente correcto. El rol del líder de diversidad o del equipo encargado consistirá en desarrollar programas de sensibilización y de acogida de las diferencias de los demás. Para fomentar la práctica de la escucha activa con mente abierta a ideas y sugerencias de compañeros y compañeras de trabajo con otros perfiles y no discriminarles por sus diferencias físicas o culturales. Si una persona aspira a que respeten sus diferencias, debe empezar por respetar e incluir las de los demás: «The Python Software Foundation (PSF) y la comunidad mundial de Python dan la bienvenida y fomentan la participación de todos. Nuestra comunidad se basa en el respeto mutuo, la tolerancia y el estímulo, y estamos trabajando para ayudar a los demás a poner en práctica este principio. Queremos que nuestra comunidad sea más diversa: quien quiera que seas y cualquiera que sea tu formación, te damos la bienvenida», según recoge D. A. Abrams en su libro *Diversidad e inclusión*.

En cuanto a los medios utilizados, se dinamizan todos los canales de comunicación de los que disponga la empresa —presenciales, impresos y virtuales— y se emiten continuos mensajes que fomenten la participación colectiva y el sentido de pertenencia. Además, para cumplir con la legislación vigente, que penaliza la exclusión y la discriminación, todos los miembros de la organización deben tener un comportamiento inclusivo, que debe convertirse en la cultura de la empresa. Por lo tanto, se desarrollan herramientas de formación en sensibilización para combatir el partidismo o sesgo inconsciente (*unconcious bias*). La intranet y los seminarios de interculturalidad son sesiones de intercambio muy educativas, interesantes y altamente efectivas que generan inclusión social y profesional.

La formación en sesgos inconscientes ha ganado importancia desde que en 1995 Anthony Greenwald creó la «prueba de asociación implícita» (IAT) para detectar los contenidos ocultos de la mente. La doctora Jude Smith Rachele y Andrew Wakelin, fundadores de Abundant Sun Limited (UK), han desarrollado una herramienta de formación para combatir la discriminación inconsciente que tanto daño hace a las relaciones interpersonales en las empresas, independientemente de su tamaño.

La neurociencia se utiliza en parte para explicar la determinación biológica de la discriminación y por qué los seres humanos emiten juicios instintivos e irracionales. Lo que no incluyen la IAT y la neurociencia es el aprendizaje social resultante de la creación de determinadas asociaciones. El entrenamiento que propone Abundant Sun si bien aborda el determinismo biológico del sesgo, se concentra en gran medida en el aprendizaje social y en cómo ciertos sesgos se aprenden y programan en un individuo a lo largo del tiempo y a través de la interacción social: «Creemos que este tipo de formación sobre sesgos inconscientes tiene un gran valor si se imparte bien y si existen medidas científicas adecuadas para evaluar el resultado de la formación a lo largo del tiempo». «Es preciso establecer un control de calidad para asegurar un aprendizaje eficaz», afirman sus fundadores. Hay tres factores esenciales para un enfoque eficaz en el entrenamiento contra prejuicios inconscientes: seguridad, honestidad y relevancia en cuanto a los roles y las responsabilidades de las personas.

«Explorar y discutir los prejuicios personales puede experimentarse como un desafío y una amenaza. Las personas pueden ser muy temerosas y sentir vergüenza frente a sus colegas. Es vital crear seguridad psicológica para todos los que participan en el entrenamiento contra prejuicios inconscientes. Y esto se logra mostrando nuestras propias imperfecciones y prejuicios, usando el humor para aliviar la ansiedad que puedan sentir los participantes, mientras que al mismo tiempo mantenemos un enfoque en la seriedad del prejuicio y sus impactos personales y hacia los demás.

La participación de múltiples agentes en la tarea de aprender deconstruye la jerarquía dentro de la relación de enseñanza tradicional y abre espacio para experiencias más colaborativas. La mayoría de los estudiantes vienen al aula o a la universidad con el modelo tradicional en mente, ya que esta es la forma en que se les ha enseñado a interactuar dentro de un aula durante toda su vida. Si bien puede haber un lugar y un momento para un modelo centrado en el maestro, el enfoque relacional se presta al proceso activo de construcción de conocimiento, no solo en el aula, sino también fuera en el mundo.

Se anima a los participantes en una sesión de formación a trabajar juntos en un espacio seguro, partiendo de un salón de clases tradicional que refleja un entorno de aprendizaje más didáctico y basado en hechos. Exploramos y discutimos abiertamente cómo aprendemos los prejuicios, cómo nuestros prejuicios son moldeados por nuestra educación, por las culturas en las que fuimos criados y por las muchas aportaciones que recibimos, que propagan ciertos mensajes, ciertas expectativas y distintos estereotipos de una variedad de grupos que existen dentro de nuestras sociedades».

13. COMUNICACIÓN: DIÁLOGO CONTINUO CON TODOS LOS MIEMBROS

La comunicación interna es una actividad constante que se debe acometer en toda la organización. Es importante tener un canal de comunicación abierto para todos los miembros de la organización donde tratar temas de interés general y de desarrollo personal: formación, propuestas de movilidad, posibilidad de tiempo sabático, iniciativas de intercambios, proyectos de voluntariado con asociaciones y colectivos específicos, disponibilidad de tiempos flexibles y posibilidad de promocionar. Se trata de un canal a través del cual la dirección de diversidad recibe quejas sobre acoso o discriminación de la que pueda ser víctima, así como sugerencias, ideas o acciones que puedan convertirse en proyectos y compartirlos con el resto de la plantilla.

El 89 % de las empresas no establecen canales de información que permitan a su fuerza laboral aumentar la eficacia en la organización. Solo en el 14 % sobresalen las relaciones interpersonales, que permiten contribuir al diagnóstico y la resolución de problemas; en el 33 % están moderadamente satisfechas con el trabajo en conjunto de sus trabajadores; en el 23 %, esta interrelación es algo deseable, mientras que el 27 % de las organizaciones admiten que sus empleados no logran contribuir a mejorar el diagnóstico y la resolución de problemas debido a una falta de interrelación. Solo el 11 % tienen establecido un sistema de información entre grupos y áreas que pueda contribuir con eficacia a la resolución de problemas, lo que deja a la iniciativa personal del 89 % de la plantilla la crítica función de aumentar la eficacia en la organización que es vital para alcanzar la plena inclusión de toda la plantilla.

Estos planes e iniciativas fomentan el sentido de pertenencia de las personas a una organización. Por consiguiente, el talento escogerá participar en la organización a la que se sienta pertenecer, aquella en la que se desarrollen proyectos de interés común y donde se reconozca su aportación profesional. A pesar de este 18 % de protocolización para la transferencia de conocimiento, solo el 11 % de las empresas tienen establecido un sistema de información que canalice y transmita información entre grupos y áreas, lo que representa una pérdida de conocimiento que pone de manifiesto el origen de la falta de aprendizaje continuo del que adolece el 43 % de las empresas en un entorno empresarial y social altamente diverso y cambiante. Solo el 19 % incorporan en sus estructuras sistemas y procesos o la información que se genera en la organización. Un 58 % no valora la incorporación del conocimiento a los procesos y un 16 % lo considera innecesario. La plantilla del 74 % de las empresas no conoce plenamente el negocio de la empresa, lo que dificulta su contribución y el desarrollo de un sentido de pertenencia que es vital para alcanzar la plena inclusión de toda la plantilla.

La comunicación externa se debe crear con principios y criterios similares a la política de comunicación interna. El tipo de mensaje debe proyectar claramente la cultura corporativa para compartirla con clientes, proveedores y agentes externos en general.

Ante unas características de producto o servicio iguales, los clientes «compran» la empresa, no solo el producto, cuando se sienten identificados con la organización. Por ejemplo, en 2018, Adidas firmó un contrato de patrocinio con el Real Madrid F. C. por 12 años y un valor de 1.6 millones de euros, lo que pone de relieve el atractivo que tiene el fútbol y especialmente el equipo a nivel mundial. Así los numerosos seguidores del fútbol identifican la marca Adidas con el deporte, un vínculo que tiene un valor indiscutible.

Poder informar a la sociedad de que una empresa fomenta las diferencias de sus gentes representa un gran valor añadido y la convierte en una organización preferida por estudiantes en busca de su primer trabajo, por ejemplo. Este interés por seleccionar los mejores talentos convierte a la organización en preferida por personas que buscan un cambio profesional o que simplemente no se sienten valoradas en su empresa actual.

El Plan de Comunicación debe ser integral. Es piedra angular de todo programa de gestión de la diversidad corporativa, no solo porque tiene que transmitir las bases o características de los programas, sino porque debe lograr incluir todos sus públicos objetivo para lograr transformar el comportamiento organizacional y alcanzar las metas esperadas. Llegar al público externo en general para captar su actitud positiva hacia la marca facilitará la captación de talento, la atracción de nuevos clientes, la alianza con proveedores y accionistas. La empresa debe transmitir que es inclusiva, que no discrimina y que contribuye a la sostenibilidad social y laboral del país.

14. FUERZA LABORAL DIVERSA: REFLEJAR LOS PERFILES DE PROVEEDORES Y CLIENTES

Larry Summers, profesor de Harvard y exsecretario de la Tesorería de Estados Unidos, afirma sobre una investigación realizada por el equipo de Harvard: «Es un test que busca identificar otras fuentes de resultados y demuestra que la diversidad es buena». La tarea prioritaria de una organización debe ser la de analizar en toda su dimensión los perfiles del total de los componentes de la fuerza laboral para entonces evaluar si el perfil de los miembros de su plantilla refleja el perfil de sus socios inmmediatos; esto es, el perfil de sus proveedores y clientes actuales y potenciales. Y, además, si el entorno empresarial estimula la libertad de sugerencias de ideas como norma básica, no como algo que está fuera de la norma de la organización. Así, se evalúa si el perfil de la plantilla es el que podrá llevar a la empresa hacia un futuro sostenible; un futuro en el que sigan innovando como estrategia corporativa de liderazgo.

El 17 % de las empresas en España tienen formalmente establecidas políticas que dinamizan la interrelación entre trabajadores, que se convierten así en responsables de la eficacia de la empresa.

El 48 % fomentan el flujo de información por estimar que estimula el proceso de aprendizaje y, por tanto, la creatividad de los equipos. El 14 % establece que la relación entre miembros del equipo propicia el diagnóstico y resolución de problemas y, entonces, mejora el entorno empresarial y su eficacia.

Se calcula que en Europa hay 23 millones de pymes (con menos de 250 trabajadores), un 99 % del tejido empresarial, que implican 75 millones de puestos de trabajo. Los estudios analizados reflejan que la aplicación de una buena gestión de la diversidad cultural (GDC) es una oportunidad para las pymes que necesitan herramientas para convertir en activo la diversidad ya existente en sus empresas y que con gran frecuencia no se aprecia.

El Observatorio Español del Racismo y la Xenofobia del Ministerio de Trabajo y Asuntos Sociales de España, bajo la dirección de Nicolás Marugán Zalba, realizó un proyecto en 2011 sobre gestión de la diversidad en el mundo laboral (GESDI) que se centró en trabajar de forma directa con entornos profesionales, como empresas, organizaciones empresariales y otros agentes interesados en implantar procesos de gestión de la diversidad en sus organizaciones. Se consensuaron indicadores sobre igualdad de trato y no discriminación, recursos humanos, comunicación, compromiso y procesos organizativos..., herramientas de autodiagnóstico y análisis de la gestión de la diversidad cultural. En base a los indicadores, fueron evaluadas más de treinta organizaciones, que se publicaron como casos de éxito. También se propusieron recomendaciones y se creó una guía con casos prácticos. La diversidad de perfiles de sus trabajadores, clientes y proveedores es el reto más desconocido al que se enfrentan las pymes en los próximos años. Conectar, colaborar, aprender y compartir son objetivos de una sociedad inteligente y próspera en un mercado internacionalizado.

La continua preocupación del Ministerio de Trabajo y Economía Social en España es la lucha contra la discriminación y la desigualdad, lo que lleva a desarrollar proyectos de gran valor. Por ejemplo, el Manual de Formación en Gestión de la Diversidad, dirigido a empresas de los Estados miembros de la Unión Europea y Turquía. La diversidad es la esencia misma de la Unión y, por lo tanto, es imprescindible que los diferentes agentes de la sociedad cuenten con herramientas que proporcionen las claves para llevar a cabo una correcta inclusión de sus 446 millones de habitantes con perfiles culturales y demográficos diferentes. Karoline Fernández de la Hoz, directora del Observatorio Español del Racismo y la Xenofobia, prioriza la necesidad de convertir esta amenaza de conflictos en indiscutible valor para el desarrollo del mundo empresarial de toda Europa. El ministerio también genera un informe sobre la intolerancia hacia el mundo musulmán, que representa el 4 % de la población en España y tiene gran peso en la economía, así como un análisis sobre la hispanofobia en diversos ámbitos de educación, empleo y comunicación para fomentar su inclusión en la sociedad. Existen diversos estudios destinados a fomentar formas de trabajo para la población activa de colectivos en riesgo de discriminación.

Liderar es hacer las cosas primero. Por lo tanto, la empresa necesita un perfil de talento capaz de retar lo conocido y de proponer productos, servicios y aplicaciones tecnológicas que superen a las ofertas de otras empresas del sector.

Kellogg's tiene una universidad abierta a todo tipo de estudiante de cualquier parte del mundo que se matricule y siga su formación; una formación de altísima calidad y exigencia, como lo es la política corporativa de la empresa. La Universidad Kellogg´s es la mejor fuente de captación de recursos humanos que tiene la organización, porque, cuando contratan a un alumno/a que ha cursado todos sus estudios en la universidad, saben que integran personas que tienen además el grado de exigencia, creatividad, innovación y responsabilidad que Kellogg's espera de todos los miembros de su plantilla.

Al incorporar a la empresa personas con nuevas y distintas culturas y competencias, hay un proceso necesario de inclusión de estas personas en la estructura de la organización para poder llevar a la empresa de forma sostenible hacia el futuro. Este proceso se inicia con la sensibilización, para avanzar hacia la aceptación y culminar en la inclusión de las personas de su entorno independientemente de sus diferencias.

Fuentes

La búsqueda de nuevos talentos, de personas con nuevos conocimientos, que tengan experiencias de éxito en diferentes sectores, que usen de forma excelente los avances tecnológicos... debe nutrirse de fuentes diferentes. Si los candidatos siempre provienen de las mismas universidades, de las mismas organizaciones de selección, de las mismas fuentes, la empresa siempre tendrá una plantilla casi del mismo perfil: con las mismas actitudes sociales y formación profesional. Por lo tanto, su fuerza laboral será homogénea y tenderá a la obsolescencia, como prueba la investigación realizada por el profesor Joseph Di Stefano de la Universidad de Lausanne.

Hay que buscar en centros de educación internacionales, por ejemplo, si el objetivo de la organización es expandirse a nuevas áreas del mundo. BSN busca en diferentes asociaciones profesionales y universidades en origen, en los países donde necesita una acción ejecutiva o comercial, así como en redes profesionales y sociales, para explorar perfiles innovadores, aunque provengan de otros sectores, pero garanticen la construcción de una fuerza laboral con competencias diversas. Siempre tiene abierta la búsqueda de candidaturas que propongan sus trabajadores o por redes sociales y profesionales. LinkedIn es la red de profesionales que reúne más talento de alta calidad del mundo. Con 575 millones de usuarios, 250 de los cuales usan activamente la red, el 57 % son hombres, el 38 % *millennials* en puestos de toma de acción y el 44 % tienen unas rentas medias de 75 000 dólares anuales, más alta que la renta de la población en Estados Unidos. LinkedIn es un sitio preferente para la captación de recursos humanos, así como para el desarrollo de alianzas a nivel mundial.

Selección

La premisa incuestionable es que los trabajadores deben tener talento, competencias y habilidades que la empresa necesita para cubrir la función para la que está destinada la búsqueda. Y además deben tener, en la medida de lo posible, perfiles diferentes tanto demográficos (etnia, edad, idioma, religión, orientación sexual, discapacidad, nacionalidad de origen) como culturales (idiomas, creencias, educación, estructura familiar, aficiones); perfiles que les permita conectar con sus clientes presentes y futuros y potenciar su proceso empresarial. Y, por supuesto, que haya hombres y mujeres en el grupo. Por ejemplo, ya hay tantas mujeres como hombres en orquestas filarmónicas, gracias a la selección ciega, un sistema que debería ser preferente en todo proceso de selección.

Otro ejemplo es Zety, el editor en línea de currículums que apuesta por el currículum ciego, también conocido como «CV anónimo» o *blind CV*, un modelo creado con el propósito de combatir la discriminación en los procesos de reclutamiento limitando la información a aspectos laborales y eliminando información sobre género, etnia, edad, nacionalidad de origen, fotos y cualquier información que pueda constituir una fuente de discriminación.

En 2017, el Ministerio de Sanidad, Consumo y Bienestar Social también implementó el uso del currículum ciego o anónimo como medida para disminuir la discriminación, al menos en los primeros filtros de los procesos de selección.

La Fundación Adecco define la inclusión como «un elemento empresarial que se refiere a la capacidad de gestionar e integrarlas diferencias individuales en un equipo de trabajo, promoviendo la diversidad de talentos, experiencias e identidad». El informe sobre diversidad e inclusión de 2018, a cargo de la política de RSC o responsabilidad social corporativa de la empresa arrojó las siguientes cifras, muy significativas del panorama en España: un 20 % de las empresas ha comenzado a iniciarse en la materia de diversidad e inclusión; el 33 % desarrolla algún tipo de iniciativa para promover la diversidad y solo el 10 % trabaja con CV ciego.

La Comisión Europea llama «perfil múltiple de diversidad» a aquel conjunto de rasgos que puede tener una persona y que son susceptibles de discriminación por no estar dentro del estereotipo de la mayoría de las personas de la organización y de su entorno. Como se ha mencionado anteriormente, una persona puede tener más de un rasgo que la ponga en riesgo de discriminación, según el puesto al que aspire. Por ejemplo, una candidata mujer de 45 años con discapacidad auditiva podría representar un riesgo para la organización y seguramente se la discriminará en el proceso de selección por su sordera y no por su edad o género. Se prioriza la discapacidad sobre su competencia profesional. La empresa posiblemente pierda así la oportunidad de contar con un gran talento. Por supuesto, el objetivo es a aquella persona cuyo conjunto de competencias y actitudes pueda contribuir a llevar a la organización hacia el futuro.

Russell Reynolds, empresa internacional de selección de altos directivos, ha basado desde los noventa su política corporativa en su capacidad de buscar, seleccionar e integrar en las corporaciones clientes personas de altísima cualificación para el cargo, con perfiles diversos, que atiendan además a la política de futuro de la entidad. Ofrecen así un menú de perfiles para que la corporación pueda seleccionar aquel que mejor contribuya a los objetivos de la organización.

Más de 400 millones de personas viajeras dependen de Transportes Metropolitanos de Barcelona como medio de transporte. Raque Díaz, directora de Diversidad, explica que TMB tiene el compromiso de seleccionar y fomentar una plantilla que refleje la realidad social del colectivo que transporta, incluyendo sus diferencias culturales, modelos de conducta, origen, perfiles... La selección establece preferencias basadas en la igualdad de competencia y condiciones.

Las empresas que basan su criterio de selección en integrar a personas con perfiles que conforman el estereotipo de la empresa son cosa del pasado. El objetivo inquebrantable de toda entidad debe ser el de tener una fuerza laboral diversa. La COVID-19 ha probado este principio. Solo las entidades que han tenido personas capaces de detectar oportunidades donde también hubo grandes riesgos, personas capaces de reinventar toda la actividad empresarial, lograron sobrevivir y hasta triunfar en escenarios altamente convulsos y desconocidos.

Perfiles de diversidad

El mundo académico clasifica los perfiles de diversidad de las personas en demográficos y culturales, como se ha visto anteriormente. Podemos ilustrarlo con un iceberg, donde los perfiles visibles o demográficos están sobre la línea de flotación y los perfiles invisibles o culturales están por debajo del agua, poniendo de manifiesto que son infinitamente mayores en importancia. Los perfiles demográficos pueden verse a simple vista, como género, edad, etnia, discapacidad o apariencia, y se tiene hacia ellos una reacción inmediata que responde al estereotipo de lo correcto y lo incorrecto que se ha adquirido en la niñez. Por lo tanto, se puede llegar a aceptar o discriminar a una persona en los primeros segundos de conocerla como reacción a lo que se entiende por correcto o incorrecto según la educación adquirida en la infancia. Los perfiles culturales son aquellos que requieren conocer a la persona, como su idioma, religión, orientación sexual, educación, competencia, habilidades y estructura familiar. Estos perfiles culturales determinan en realidad a la persona y su talento. Para llegar a apreciar el talento y la contribución que podría hacer a nivel personal o profesional, es preciso tratarla, no solo juzgarla por la primera impresión. De no hacerlo, se corre el riesgo de perder personas de gran valor a nivel personal y empresarial.

Género

Han pasado 10 millones de años desde que el perfil de la humanidad estaba compuesto por seres prehistóricos y, durante todo ese tiempo, el hombre ha seguido el rol de proveedor de las necesidades del grupo, la tribu, la familia, y la mujer ha actuado como cuidadora y gestora de lo que el hombre aporta. Pero solo ha llevado 100 años que la mujer asuma roles históricamente reservados al hombre. Y no es por casualidad que sea ahora cuando se culmine la inclusión de la mujer en todos los sectores de actividad humana más allá de los roles que siempre ha asumido y gestionado. Estos son algunos hitos en este dinámico recorrido.

En Nueva York, el 25 de marzo de 1911, se produjo un incendio en la fábrica de confección de camisas Triangle Shirtwaist Co., lo que impulsó el proceso. Del mismo modo, durante la Segunda Guerra Mundial (1939-1945), las mujeres sustituyeron a los hombres que fueron al frente en fábricas y actividad profesional de todo tipo. En 1995 ya había más mujeres universitarias que hombres en los países desarrollados, y se puso en evidencia el talento de la mujer. En 2020, la presidenta de la Unión Europea ya era una mujer, Ursula von der Leyen, así como la responsable del Banco Central Europeo, Christine Lagarde, y la primera ministra de Alemania, Angela Merkel.

El 52 % de la población mundial es femenina. La mujer decide la compra del 80 % de los productos, bienes y servicios; preside países de diferentes culturas; es líder en tecnología, industria, finanzas, banca, cultura, arte y deportes. En solo 100 años, esta ha experimentado una incorporación magnífica a todo los roles que antiguamente estaban reservados al hombre y que, con demasiado frecuencia, no se valoran como tal.

De los 193 países en el mundo solo 10 están dirigidos por mujeres, como describe David Icke en un vídeo que se hizo viral. Y son ellas quienes han tenido el comportamiento más efectivo en la lucha contra la pandemia, como se recoge en el capítulo *Dinámica de los cambios*. Estas mujeres han demostrado rasgos de comportamiento diferentes a los de los hombres en lo que respecta a la toma de decisiones ante el virus, como la rapidez de acción en enero de 2020 ante lo que luego se convirtió en pandemia. Y esto ha favorecido a quienes dependen de ellas, gracias a su altísimo nivel de empatía. Pero sobre todo actuaron con la convicción de que había que abordar mejor el futuro.

En Alemania, Angela Merkel puso en marcha toda una batería de medidas incluyendo confinamiento selectivo y seguimiento de positivos y aseguró el sueldo completo de los trabajadores que perdían el empleo. Así, en la primera oleada de la pandemia, hubo 10 muertos y 2035 contagios en una población de 83 millones de habitantes.

Sanna Marin, de 34 años, presidenta de Finlandia, implementó también en enero una batería de medidas y pidió ayuda a *influencers* de redes sociales para difundir todas las pautas y noticias que emitía el Gobierno. Hubo 172 muertos en la primera oleada de la pandemia en una población de 6 millones de habitantes.

Noruega, con Erna Solberg al frente del Gobierno, ordenó temprano el confinamiento. Tuvo la creatividad de dirigir una rueda de prensa especialmente a los niños, donde explicaba exactamente lo que estaba pasando y decía que era normal que tuviesen miedo, convirtiéndolos en los mejores aliados para asegurarse de que los padres seguían todas las instrucciones que se dictaban. «En una crisis como esta, los niños deben sentir que les tomamos en serio». En un país de 5 millones de habitantes, solo murieron 194 personas en la primera oleada.

En Dinamarca, Mette Frederiksen reaccionó en enero e implantó test masivos, confinamiento, cubrió el 70 % del salario de aquellos trabajadores que perdieran su empleo y financió a las empresas por su pérdida de negocio. Solo hubo dos fallecidos en la primera oleada de la pandemia y no se cerró la economía.

En cambio, en España, el presidente Pedro Sánchez no dio la noticia hasta marzo de que había hablado durante una hora con Xi Jinping, presidente de China, para reconducir el pedido de 3 millones de mascarillas que había pedido de proveedores chinos; Boris Johnson, primer ministro del Reino Unido, ignoró el virus hasta que él se contagió; y Donald Trump lo negó en rotundo, lo que conllevó que Estados Unidos fuera el país con mayor número de fallecidos durante el primer año de la pandemia.

La OCDE identifica los beneficios del empoderamiento de la mujer en un magnífico estudio realizado entre 1970 y 2009. Cuando el número de mujeres ocupadas aumenta, las economías crecen. Y se puede medir el desarrollo del país por el número de mujeres en el mundo laboral. El empoderamiento económico de la mujer es un buen negocio. Las empresas se benefician enormemente al otorgar cargos de liderazgo para las mujeres, algo que ha demostrado incrementar la eficacia organizacional. Se estima que las compañías donde tres o más mujeres ejercen funciones ejecutivas superiores registran un desempeño más alto en todos los aspectos de la eficacia organizacional y cuentan con mayor nivel educativo, responsable de aproximadamente el 50 % del crecimiento económico en los países de la OCDE.

Pero no se trata de integrar a mujeres solo por ser mujeres y por cubrir un objetivo estadístico en la organización, hablamos de mujeres con capacidades y competencias profesionales que requieren el cargo que ocupan.

Las empresas con mujeres en cargos directivos generan un beneficio bruto superior en un 47.6 %, en comparación con aquellas que tienen a hombres en los altos rangos, según una investigación realizada por la consultora McKinsey en 303 grandes compañías de América Latina. Las empresas con más mujeres en puestos de mando son más rentables, según un estudio del Peterson Institute for International Economics, que investiga el impacto de la diversidad de género en las empresas. El estudio, que ha analizado 21 980 compañías en 91 países, demuestra que el desempeño de las empresas mejora cuanto mayor es la proporción de mujeres en posiciones de liderazgo corporativo. La diferencia no es poca: las compañías que tienen al menos un 30 % de presencia femenina en altos puestos ejecutivos alcanzan un 15 % más de beneficios.

El IESE contribuye desde 1958 a la educación profesional en gestión y liderazgo de hombres y mujeres indistintamente. En 1999, Nuria Chinchilla fundó el International Center for Work and Family para ayudar a visibilizar las dificultades existentes en la conciliación de la vida laboral y familiar y ayudar a descubrir vías de mejora desde las administraciones públicas y las empresas que faciliten la inclusión profesional de mujeres que aún son responsables de la mayor parte de las tareas familiares. Con el uso del IFREI (IESE Family Responsible Employer Index) en más de veinte países, han sido cientos de miles las personas y familias que han podido mejorar la conciliación de su vida profesional y familiar.

Algunas acciones que TMB realiza para potenciar el liderazgo femenino:

- Promover a mujeres a puestos de responsabilidad.
- Diseñar formación para el desarrollo de capacidades específicas.
- Divulgar por intranet el vídeo «Dones en moviment», que ilustra testimonios de mujeres que ocupan puestos antiguamente reservados a hombres.
- Promover la colección fotográfica «Humanistes en femení», que da visibilidad a diversas mujeres referentes en la historia de la humanidad.
- En colaboración con la Universidad Politécnica de Catalunya, dar visibilidad a perfiles de exalumnas que han desarrollado su vida profesional en TMB.

La mujer lidera el tercer sector, clave para el desarrollo sostenible social y económico presente y hacia el futuro. Según datos del informe, «El tercer sector de acción social en 2015: impacto de la crisis», elaborado por la Plataforma de ONG de Acción Social (POAS) y la Plataforma Tercer Sector, el 78.4 % de quienes trabajan en el sector son mujeres. Esto se traduce en que casi ocho de cada diez trabajadores de las entidades del sector son mujeres. Y, además, el 51.4 % de los órganos directivos de las ONG está formado por mujeres.

Según un análisis de la OIT (2010), las mujeres están sobrerrepresentadas en los sectores de servicios de salud y servicios comunitarios que se caracterizan por su bajo estatus y remuneración.

Las diferencias de género afectan a la legislación de las zonas en desarrollo, así como a las desarrolladas en todas las regiones. Es lamentable que el 90 % de las 143 economías estudiadas registre al menos una diferencia legislativa que limita las oportunidades económicas de las mujeres.

En los millones de años de historia de la humanidad, los padres han educado a sus hijos varones para mandar, gobernar, producir, trabajar e inventar, mientras que sus hijas debían buscar un hombre con quien formar una familia y cuidar del núcleo familiar, seguir y obedecer. Esta transformación en el rol de la mujer ha sucedido en poco más de tres generaciones, un cambio verdaderamente asombroso.

Si se logra aumentar el empleo femenino en España a los niveles de Suecia, la economía española crecería un 16 %, en torno a los 257 000 millones de euros. En 2020, el índice Women in Work, elaborado por PwC, incluyó una clasificación de los 33 países que conforman la OCDE, según la integración femenina en sus mercados laborales. El índice se elaboró a partir de cinco grandes indicadores: brecha salarial, participación femenina en el mercado laboral, diferencia de la participación entre hombres y mujeres en el mercado de trabajo, tasa de paro femenino y mujeres empleadas a tiempo completo. España ocupa el puesto 28 en este ranking.

Para contribuir a eliminar la brecha de género en la alta dirección de las empresas, ya sean públicas o privadas, se ha puesto en marcha el programa W2W, que ya ha formado a más de 200 mujeres directivas preparadas para formar parte de sus consejos de administración y contribuir a impulsar sus estrategias. El programa W2W incluye cuatro líneas de trabajo: formación académica en gobierno corporativo, desarrollo personal, *mentoring* con consejeros en activo, expertos en gobierno corporativo, *headhunters*... Sandra Deltell, socia de PwC a cargo del proyecto de diversidad, asegura que en los últimos 5 años se han incorporado 45 mujeres participantes en este programa a los consejos de administración de empresas españolas o de compañías que operan en nuestro país.

No es de extrañar que el estereotipo que prevalece sea una barrera para la plena inclusión de la mujer en todos los roles profesionales para los que ya está capacitada. Lo que es evidente es que una empresa que no tenga a mujeres en posiciones de toma de decisión tiene un alto riesgo de obsolescencia. Su público externo, clientes, proveedores y administraciones tiene un perfil cuantitativamente femenino con sus necesidades, preferencias y estilo de comportamiento. La empresa debe tener una fuerza laboral que refleje el perfil de sus públicos externos para asegurar su eficacia y permanencia en los mercados, especialmente en el caso del género, porque la mujer, es preciso recordar, decide el 80 % de la compra de productos, bienes y servicios.

Las nuevas formas de trabajo contribuirán de forma decisiva a esta integración. La mujer necesita gestionar sus tiempos con flexibilidad y ya ha demostrado ampliamente que no descuida la calidad de sus responsabilidades profesionales. Este es un proceso natural. Llevará tiempo que los padres eduquen en igualdad de derechos y oportunidades. En ese momento, no habrá discriminación hacia la mujer, ni hacia el hombre, porque se habrán superado los estereotipos que han prevalecido y condicionado la conducta humana durante 10 millones de años.

Edad

La transformación de la tecnología de la información, de los sistemas de producción y de distribución afecta directamente a la capacidad de las personas de asumir y usar eficazmente los nuevos cambios. Así, la población joven que entra en la organización llega más preparada para usar nuevas tecnologías, porque han nacido con ellas. Sin embargo, los sénior de la organización tienen un valor incalculable con la experiencia que han acumulado en sus años de vida personal y profesional. No se puede prescindir de ninguna de las dos competencias.

«Estamos buscando empleados y empleadas mayores para convertirnos en la tienda con más sabiduría» *es la decisión estratégica de* B&Q, una tienda situada en Macclesfield, Reino Unido. Su campaña de reclutamiento recibió 600 solicitudes de calidad para 55 puestos de trabajo, puesto que se refinó en consonancia con la creciente demografía de población madura. El resultado fue un 18 % más de beneficio, un 39 % menos de absentismo, un 59 % menos de pérdida de *stock* y 6 veces menos rotación que en las otras cinco tiendas con las que se compara.

Como se ha visto anteriormente, desde hace más de 20 años se sabe que habrá más población mayor de 65 que menor de 18 años, lo que sin duda afecta al sistema de pensiones, que se nutre de la aportación a la seguridad social de cada empleado activo y que no será suficiente para mantener el creciente colectivo de jubilados con una expectativa de vida que aumenta en 10 horas por día. Ni está resuelta la realidad del número creciente de personas mayores que viven solas, ni la atención a la salud de una población que envejece con un mejor nivel de condiciones físicas, ni la escasez de oferta de productos y servicios para el colectivo más numeroso del mercado con poder acquisito, ni la creciente necesidad de disfrutar de una tercera vida profesional. Se abre una infinita gama de oportunidades para empresas y emprendedores, para atender un mercado naciente y muy diferente al perfil de mayores en anteriores generaciones.

El *mentoring* intergeneracional es una práctica enormemente enriquecedora para trabajadores y empresa. Quienes llevan más tiempo en la empresa son los mentores ideales para los más jóvenes, no solo porque tienen más experiencia, sino porque los séniors mejoran su rendimiento cuando se sienten más respetados y útiles a la organización y ven con orgullo cómo sus «discípulos/as» contribuyen con mayor velocidad y calidad a las aspiraciones de desarrollo de la organización.

Discapacidad

Se puede analizar el comportamiento de la inclusión en comportamientos relacionados con el perfil de discapacidad. Las empresas tienen mucha resistencia a la hora de integrar personas con alguna discapacidad en la plantilla, aunque puedan probar una competencia elevada para realizar una determinada función. Está la otra vertiente, el posible rechazo del resto de la plantilla para la inclusión social o el trato como personas que tienen alguna dificultad o deficiencia añadida que no tiene por qué obstaculizar su rendimiento profesional. Frecuentemente ocurre lo contrario. Beethoven era sordo, Steven Hopkins padecía de ELA, el presidente Franklin D. Roosevelt sufría de parálisis como resultado de una poliomielitis... Los tres fueron genios en sus respectivos campos.

En España, los Centros Especiales de Empleo se crearon como puente para la empleabilidad de personas con discapacidad en el mundo laboral. Así, un CEE crea unidades de servicios que subcontratados a empresas para descontar el valor del servicio realizado por personas con discapacidad y ayudar a las empresas a cumplir el LISMI (ley que obliga a toda empresa de más de 50 empleados a tener un mínimo del 2 % en nómina con discapacidad). En Brasil, es obligatorio del 2 % al 5 % de trabajadores con discapacidad según el tamaño de la empresa. Sin embargo, en México y en Estados Unidos no existe esta obligatoriedad y se asume que la empresa contrata a las personas por sus competencias independientemente de que tengan alguna discapacidad, siempre que no les impida realizar su función.

4 millones de personas, el 9 % de la población de España, tiene algún tipo de discapacidad certificada, lo que implica que 1 de cada 3 familias tiene un familiar con discapacidad. 1.8 millones de estas personas se encuentran en situación de desempleo como resultado de la violenta discriminación que sufre este colectivo al que no se le reconoce la capacidad y capacitación que puedan tener. El Grupo SIFU, fundado hace más de 25 años por Albert Campabadal Mas, cuyo hermano tenía una discapacidad, crea trabajo para más de 4500 personas, de las cuales el 90 % tiene una discapacidad. Opera como un Centro Especial de Empleo con 30 delegaciones y sus servicios los contratan más de 1600 empresas públicas y privadas de todos los sectores, tales como Endesa, La Caixa, Iberdrola, INDRA, Mercadona, Media Markt, Repsol y otras, prestando servicios profesionales de calidad y, además, ayudando a cumplir con la obligación de disponer de un 2 % de la plantilla con una discapacidad. Son puestos de trabajo externalizados y ejercidos con un altísimo nivel de profesionalidad y talento. La gama de servicios que ofrece el Grupo SIFU a sus clientes es amplísima: gestión integral de infraestructuras, externalización de servicios auxiliares, limpieza, servicios medioambientales y mantenimiento... y trabajan para sectores como el industrial, hotelero, comercial y manufacturero. La discapacidad no discapacita para todo. Por el contrario, las personas con discapacidad tienden a ser más eficaces y a demostrar mayor actitud de pertenencia gracias al valor del trabajo. Albert Campabadal, cuyo compromiso con una sociedad inclusiva y sostenible está más que probado, está en pleno plan

de expansión internacional y ha abierto en la actualidad operaciones en Francia y Andorra.

Sin embargo, en España, el sistema de pensiones sigue suponiendo un escollo: pensión contributiva, no contributiva o vitalicia, según el caso de la persona. La pensión no permite tener ingresos superiores a 11 000 € anuales, incluido el ingreso por pensión, y el miedo a perder este dinero levanta una barrera infranqueable tanto para la persona con discapacidad como para su familia, porque limita su poder de desarrollo personal y profesional, condenándolos a la pobreza. El importe de la pensión está relacionado con el nivel de discapacidad certificada de la persona. La media de las pensiones es de entre 200 y 400 € mensuales, y esto no alcanza para vivir de forma digna.

MRW, empresa española de transporte de paquetería, tuvo durante muchos años una política de igualdad de competencia profesional para el cargo vacante, para el cual seleccionaba con las mismas condiciones al candidato o candidata con discapacidad. Paco Martín Rius explicaba que eran empleados con alto grado de competencia, más eficientes, leales a la organización, comprometidos con su trabajo, agradecidos y entusiastas, que contagiaban su entusiasmo y espíritu de superación al resto del equipo o área en la que trabajaban, elevando el nivel general de eficacia y creatividad de la organización.

Idioma

Históricamente fueron primero los sonidos, que se desarrollaron en lenguas que usaban los diferentes grupos de personas alrededor del mundo. El idioma es la máxima expresión de la cultura de las personas. Su construcción, su entonación y su forma de expresarse reflejan su cultura, su forma de pensar, su forma de hablar y su forma de vida. En la actualidad, se hablan 7000 lenguas en este mundo tan diverso, lenguas y dialectos que se derivan de 7 idiomas troncales: el mandarín, el castellano, el inglés, el hindi, el árabe y el ruso. La comunicación global entre una población de habla tan diversa es el resultado del aprendizaje de varias lenguas por parte de personas que asumen que es imprescindible poderse comunicar con otros colectivos por razones sociales, económicas, técnicas y culturales para poder sobrevivir en este mundo tan diverso. La tecnología hace el resto con traducciones virtuales cada vez más perfectas que dan un inestimable servicio a empresas, gobernantes y artistas que deben interactuar con semejantes del resto del mundo para poder realizar su función y adquirir mayor cantidad y calidad de información.

Etnia

Los grupos de personas que fueron habitando el mundo se desarrollaron en cinco etnias principales: la original indígena de piel roja, la oriental de piel amarilla, la caucásica de piel blanca, la africana de piel negra, la hindú de piel morena. La curiosidad y necesidad de suministro causó una movilidad creciente desde el principio de los tiempos, especialmente en los últimos veinte siglos: mercaderes en busca de especias, metales, telas de otros rincones de la tierra y desconocidos en sus regiones natales; la colonización de nuevas tierras desconocidas para los países con mayor desarrollo; la actual necesidad de interrelación humana por razones sociales, económicas, políticas, tecnológicas... Todo influye en el desarrollo de una cultura cada vez más internacional nacida de la enorme diversidad de etnias e idiomas con los que se expresan las personas a lo largo del mundo. Y crece el mestizaje como la etnia global de los 7.57 millones de habitantes que componen en 2018 la humanidad, cuando solo el 10 % de los ciudadanos del mundo son de raza blanca.

La Dirección General para la Igualdad de Trato y Diversidad Étnico Racial del Ministerio de Igualdad ha abierto el debate sobre la conveniencia de introducir de manera estructurada una pregunta sobre origen étnico en las estadísticas, estudios y encuestas en España. La conveniencia de obtención de estadísticas desagregadas por origen étnico para la formulación de políticas públicas, orientadas a eliminar la discriminación racial y facilitar la inclusión de los colectivos que sufren con más asiduidad como víctimas, vuelve imprescindible la discriminación racial. Tener más información sobre las brechas de implementación, o implementación inadecuada, de los derechos civiles, políticos, económicos, sociales y culturales de estos grupos ha sido recomendado tanto por la ONU como por la

Unión Europea. El Comité CERD de la ONU establece que son trascendentales para identificar y conocer mejor a los grupos étnicos presentes en su territorio, monitorizar los tipos de discriminación y posibles tendencias discriminatorias contra ellos y la consecuente toma de medidas para hacer frente a dicha discriminación. Nicolás Marugán Zalba, subdirector general en Igualdad de Trato y Diversidad Étnico Racial, manifiesta que, en la Unión Europea, el plan de acción antirracista 2020-2025 señala que es esencial información precisa y comparable para formular políticas públicas y requiere de datos desagregados por origen étnico, para recoger tanto las experiencias subjetivas de discriminación y victimización como aspectos estructurales del racismo y la discriminación.

Nacionalidad de origen

Hay 193 países en el mundo y actualmente se hablan 7000 idiomas y se profesan 6850 religiones y creencias a partir de las cinco grandes: cristianismo, islamismo, budismo, hinduismo y la filosofía tradicional china. A partir de esta radiografía del mundo, la consecuencia es que existe una diversidad cultural sin precedentes. El idioma refleja una estructura mental, la religión implica una ética en el comportamiento y el color de la piel identifica la percepción que con facilidad tienen las personas sobre cada colectivo. Por lo tanto, es evidente que la mayoría de las personas en busca de su área de confort tienden a ser más y más selectivas para escoger amistades, compañeros de trabajo y de profesión, con quienes tener una fácil interrelación. Se han vuelto imprescindibles los programas y ejercicios de sensibilización ante las diferencias en las empresas, así como en el entorno escolar y educativo en general, para cortar de base el comportamiento discriminatorio que aún existe con demasiada frecuencia hacia el ser humano de otros orígenes en un mundo cada vez más global.

Las empresas deben tener en su fuerza laboral el reflejo del perfil demográfico de su público objetivo o, de lo contrario, no lograrán conectar con clientes, proveedores y público externo de forma eficiente y perderán su competitividad.

Larry Page, fundador de Google tardó 2 horas en anunciar que la empresa se marchaba de Estados Unidos si se aprobaba la ley que propuso el presidente Trump de prohibir la entrada a Estados Unidos a ciudadanos de 14 países. De hecho, 165 países disponen de dominios propiedad de Google, por lo que la empresa necesita trabajadores de todos los países donde tiene clientes, para así conocer y servir sus necesidades y preferencias. La ley no se aprobó.

Cultura

La cultura es según la Unesco el conjunto de rasgos distintivos, espirituales, materiales, intelectuales y afectivos que caracterizan a una sociedad o un grupo social, lo que evidentemente conforma el comportamiento de cada colectivo humano que habita la misma zona geográfica, a excepción de la nación gitana, cuyos miembros habitan en diferentes países del mundo sin perder su personalidad ni leyes; el pueblo judío, cuyos miembros, a pesar de tener Israel como patria, viven y participan activamente en todo el quehacer social, económico y políticos de los países donde viven; o el mundo musulmán, extendido rápidamente por todo el planeta guardando religiosamente sus prácticas y principios. Es decir, por regla general, los alemanes viven en Alemania, los chilenos en Chile y así sucesivamente.

Los nativos de culturas específicas tienden a habitar un área geográfica determinada y, aunque comparten un mismo continente, como en el caso de Europa, cada país tiene su propia cultura. Esto es, sus propios principios, prioridades, forma de hablar, de trabajar y de vivir, así como su propio horario. Los españoles comen entre las 13:30 y las 15:00 generalmente, mientras que los ingleses lo hacen a las 12:00. Lo mismo sucede con los horarios laborales, los programas de televisión, la convocatoria de eventos deportivos... Las poblaciones con diferentes culturas tienen diferentes hábitos sociales, familiares, educativos, gastronómicos... y preferencias por determinadas actividades y deportes e idiomas. La mayoría de los ciudadanos de la Unión Europea comparten una misma moneda y sistema económico, pero no el idioma, como sucede en Estados Unidos con el inglés y en China con el mandarín. No así en la India, que lo único que tienen en común es la etnia, ya que sus sistemas locales de gobernanza, idiomas y religiones son totalmente diferentes. El idioma que pueden tener en común podría ser el inglés, si es que lo conocen, lo que justifica un desarrollo exponencial en China frente a India, donde no hay un claro sistema que permita imprimir dinamismo y desarrollo a sus 1500 millones de habitantes actuales.

En este mundo global totalmente interactivo, la gestión de las diferencias es una prioridad para que personas e instituciones puedan desarrollarse favorablemente y aprovechar los avances que cada país y cultura pueden aportar.

Orientación sexual

La Asociación Americana de Psicología (APA) explica que ser homosexual no es una enfermedad y, tras más de 35 años de investigaciones científicas, se ha podido demostrar que, de por sí, «no está relacionada con trastornos mentales o problemas emocionales o sociales».

La investigación realizada «estudió 37 parejas de gemelos idénticos masculinos que eran discordantes, lo que significa que uno era homosexual y el otro heterosexual; y 10 parejas que eran ambos homosexuales. Su búsqueda encontró cinco regiones del genoma donde el patrón de metilación aparece muy estrechamente vinculado a la orientación sexual. Un modelo que predijo la orientación sexual basada en estos patrones lo hizo con un 70 % de precisión dentro de este grupo». Esto parece confirmar que la orientación sexual es una característica física con la que se nace y no un comportamiento social que se deba castigar por ser diferente al de la mayoría.

Así, hay entidades que respetan y dan valor a la tendencia sexual de su colectivo, como PwC, que en 2014 tenía establecidas redes de empleados LGTBI en 4 países que en 2020 se habían extendido a otros 21. Ahora continúan estableciéndose grupos Shine, especialmente en Estados Unidos.

Se ha ignorado la orientación sexual de homosexuales históricos cuyo talento y aportación a la humanidad han sido siempre reconocidos, por ejemplo, Sócrates, Platón, Aristóteles, Alejandro Magno, Julio César, Miguel Ángel, Leonardo da Vinci, William Shakespeare,

Oscar Wilde, Federico García Lorca, Freddie Mercury (con ventas de hasta 300 millones de copias). Se acepta el comportamiento homosexual de famosos y no de compañeros de trabajo o de conocidos, una discriminación social que es preciso combatir, porque las personas tienen derecho a vivir plenamente sus vidas.

En Alemania, el Deutsche Bank lanzó un servicio dirigido a la gestión de patrimonio de personas homosexuales por un asesor de la empresa con la misma orientación sexual. Se anunció a toda su base de clientes, así como en anuncios de prensa. El éxito fue arrollador.

La discriminación hacia la homosexualidad suele ser resultado de criterios religiosos que imponen una conducta sexual para fomentar la procreación y, por lo tanto, se penaliza la relación entre dos personas del mismo sexo. Y este prejuicio ha prevalecido durante siglos. Discriminar a una persona por alguna condición física diferente es privarla de su derecho a igualdad de oportunidades en el entorno europeo, donde la legislación ampara a quienes son objeto de discriminación.

15. INCLUSIÓN: PROCESO DE SENSIBILIZACIÓN Y ACEPTACIÓN

La fuerza laboral, la comunidad de personas de todas las empresas y entidades existentes, es ya de por sí diversa, pues todos somos desiguales. Gestionar la inclusión es una función básica y continua del equipo a cargo de potenciar el factor humano en la empresa. Y, en el caso de nuevos empleados, las políticas de inclusión deben ser aún más dinámicas. El objetivo es establecer políticas activas para desarrollar un plan de carrera dentro de la organización, poner en valor otras habilidades que posea el nuevo candidato que pueden ser de gran utilidad para sus compañeros y compañeras de trabajo, así como para la entidad. Es importante escuchar y tener en cuenta sus aportaciones, su forma de analizar y de tomar decisiones que puedan introducir nuevas y más efectivas formas de actuar en la empresa. Se trata de fomentar la inclusión profesional. Así, a medida que crece la población activa de la organización, crece igualmente su capacidad de innovación, que contribuirá a su crecimiento sostenido.

Para ello, la empresa tiene que «dar permiso» a sus gentes y establecer canales de comunicación en ambas direcciones, tanto para divulgar programas de formación, de promoción, proyectos sociales o información en general, como para lanzar mensajes que animen a todas las personas de la plantilla y así recibir o proponer ideas y proyectos ordenadamente. Estas propuestas representan un gran valor porque detrás de ellas se encuentra la voluntad de participar a su consecución. Se deben estudiar con gran objetividad y poner en marcha todas aquellas que sean viables y añadan valor a la empresa, así como valorar a quienes las sugieren e implementan.

En la investigación realizada por el IEGD, aunque el 74 % de las empresas afirman que sus empleados están altamente cualificados para la función que realizan, solo el 11 % de las empresas que operan en España entienden que es beneficioso que los trabajadores diseñen sus propios sistemas de trabajo. Solo el 20 % declaran que los animan a expresar sus experiencias y opiniones libremente.

No hacerlo, levantando barreras a la contribución e iniciativas de los trabajadores diversos con talento, es introducir un factor determinante de pérdida de negocio. Y solo está dominado por el temor a perder la oportunidad de promocionar si se proponen nuevas ideas y soluciones poco usuales a las que tradicionalmente se toman en la empresa. Así, el 42 % de los empleados deciden no plantear formas nuevas de hacer las cosas, en cuyo caso hay una pérdida importante de oportunidad de negocio.

La multinacional americana 3M ni compra ni se fusiona con otras empresas habitualmente para crecer. Lo hace Nestlé, por ejemplo, que siempre ha crecido comprando la mejor «marca» en los países donde entra. En cambio, 3M ha basado su desarrollo y liderazgo en la formalización de proyectos intraemprendedores de sus trabajadores, como el *post-it*, creado por Spencer Silver por error, en 1968. Silver buscaba un autoadhesivo cuya acción fuera definitiva y, sin embargo, inventó un autoadhesivo que no se pega ni daña el papel. El producto se desechó. Por no tirarlo, las secretarias empezaron a usarlo para pegar notas en los papeles. A la vista de la aceptación, se convirtió en un proyecto empresarial corporativo del que el inventor ha obtenido grandes beneficios. 50 años después, sigue siendo líder en el sector de la papelería. Lo que tienen claro todos en 3M es que innovar no está prohibido; todo lo contrario, es lo que se espera de todas sus personas.

La exclusión es la principal causa de la costosísima fuga de talentos de las organizaciones. Pertenecer es contribuir a las acciones de la empresa; es optimizar su tiempo de dedicación a las funciones profesionales; es disfrutar con las responsabilidades que se realizan y no percibirlo como una carga de trabajo. Esta inclusión repercute en una notable reducción del absentismo y la rotación, así como en la eficacia resultante del uso del tiempo. Todos son factores críticos de coste para la organización y su impacto en la cuenta de resultados.

Dava Newman es la primera ingeniera subdirectora de la NASA y dirigirá a partir de julio de 2021 el laboratorio insignia del Instituto Tecnológico de Massachusetts. En su relación de los múltiples e interdisciplinares proyectos que lleva a cabo el MIT Media Lab, manifestó en la entrevista que le hizo Esther Paniagua que «la excelencia se alcanza con la diversidad».

> «Queremos a gente de todas las disciplinas para ir más allá y transgredirlas. Personas diversas en cuanto a género, raza y cultura que puedan traer diferentes visiones y una mirada crítica. Que no tengan miedo. Sabemos que la excelencia se alcanza con diversidad. Las mejores ideas surgen cuando invitas a todo el mundo a formar parte. Tener todas las perspectivas e ideas posibles alimenta la creatividad. Esto es crítico para avanzar, especialmente cuando tratas de construir el futuro, un futuro mejor. Mi trabajo es ayudar a crear equipos inclusivos de alto rendimiento. Queremos asegurarnos de que no excluimos a nadie. Todas las visiones nos ayudan a ser la mejor versión de nosotros mismos.
>
> Tenemos lazos muy fuertes con España. El grupo City Science tiene una larga relación con la Universidad de Navarra y la Universidad Politécnica de Madrid. Igualmente tenemos un proyecto con la empresa Hyundai —miembro del Media Lab— y el hospital maternoinfantil Sant Joan de Déu (Barcelona), que ha acaparado mucha atención recientemente. El pabellón Aguahoja es una maravillosa combinación de arte y diseño. Lo creó el matrimonio formado por los españoles Jorge Duro-Royo y Laia Mogas-Soldevila.
>
> Mi investigación actual está relacionada con el desarrollo de tecnologías innovadoras para misiones de exploración avanzadas a la Luna y a Marte. Queremos estar a la vanguardia y poder decir que nuestros usos de la IA son justos, equitativos y capaces de proporcionar valor a toda la población y no solo a un subgrupo. Cuando usamos IA pensamos en cuál es el valor añadido que puede aportar: cómo la IA puede servir a la sociedad».

Como se ha visto anteriormente, la aportación a la inclusión en 2003 del profesor Joseph Di Stefano y su equipo de la Universidad de Lausanne ha sido determinante para entender y disponer de una magnífica herramienta de MAI (*mapping, puenting, inclusión*) que fomenta la inclusión en todo tipo de grupos.

Se trata de que quienes trabajen conjuntamente compartan formalmente información sobre sus culturas y sus comportamientos en el equipo. Esto es, intercambiar información del mapa cultural de cada persona del equipo para conocer sus reacciones y aportaciones, y así entender su comportamiento para luego tender puentes entre ellos con el objeto de que intencionadamente estas diferencias se conviertan en un valor y no en conflictos. Así se culmina en la deseada inclusión, pues se aprecian las diferencias y las aportaciones, lo que genera innovación y eficacia para la organización.

Si la inclusión genera innovación, la exclusión es un drama universal que provoca conflictos a nivel político y global o conflictos en los entornos sociales y económicos de países que son la causa de la falta de sostenibilidad que actualmente amenaza al equilibro de la humanidad. El rechazo a otras formas de ser y de proceder está en la base de los grandes conflictos mundiales entre mandatarios y países. En este mundo global, hay más de 40 grupos terroristas que en 2017 causaron 14 000 muertes. Actualmente, 25 países en guerra causan 385 000 muertos al año (ONU).

Según la OMS, se suicidan 250 000 niños al año (70 % de niñas y 30 % niños), víctimas de discriminación escolar y de tensiones familiares. En España, el suicidio es la segunda causa de muerte infantil después de la salud. Ante estas gravísimas consecuencias, durante la IV Cumbre Juvenil Antirrumores, organizada en Madrid por Daniel de Torres en septiembre de 2019 y donde participaron más de 50 jóvenes de diversas ciudades, se decidió trabajar con la metodología Escape Room, un juego que combina pruebas *online* y *offline* y que conduce a los pequeños jugadores a través de pruebas mediante vídeos animados, juegos, personajes y testimonios. Los facilitadores se convierten en elementos fundamentales para dirigir, facilitar y apoyar a los estudiantes para que consigan superar el juego. O sea, superar sus prejuicios hacia los demás.

La primera impresión hacia personas de rasgos y condiciones diferentes es el rechazo. Es el resultado de la reacción de los estereotipos adquiridos en la niñez sobre lo que se acepta y lo que es rechaza por instinto (*unconscious bias*). Preferencias que adquieren los niños sobre lo correcto e incorrecto, lo bueno y lo malo, lo que se acepta y lo que se rechaza, como resultado del comportamiento de la familia, la escuela y el entorno cercano donde vive. Por lo tanto, la educación precoz desde la infancia resulta imprescindible para combatir posteriormente comportamientos discriminatorios en edades adultas. En este sentido, el sistema educativo que desde los años sesenta desarrolló Felipe Segovia y que sigue rigiendo el modelo de enseñanza de los colegios internacionales SEK, San Estanislao de Kostka, constituye un magnífico ejemplo.

> Su misión es impartir conocimiento, competencias, compromiso y comprensión para capacitar a sus alumnos a gestionar sus vidas con eficacia el resto del siglo XXI. En el 2000 fundó la universidad Camilo Jose Cela. El SEK, dirigido hoy por su hija Nieves Segovia Bonet, cuenta con 11 colegios a nivel internacional a los que asisten 5500 niños y niñas entre 8 y 18 años, de cincuenta nacionalidades diferentes. En el SEK imparto sesiones sobre diversidad a niños de 5º curso ente 10 y 12 años ya que el curso tiene como tema de fondo la diversidad durante todo el año escolar.

Con frecuencia y por educación, a un nuevo integrante del grupo se le pide que «no entre» para evitar conflictos e incomodidad. Si al grupo se le pide que acoja a la nueva persona, actúa siguiendo la premisa de «Entra y no te haremos caso»; cuando es un hecho que esa nueva persona va a formar parte del equipo, su postura será la de «Entra y compórtate como nosotros». Pero cuando se logra fomentar un comportamiento inclusivo hacia personas nuevas y diferentes, la actitud debería de ser «Entra y seremos un nuevo grupo». Ya sea en el caso de una incorporación externa o interna, desde otra área dentro de la organización, pues la movilidad interna es una herramienta ideal para la generación de innovación.

Sin embargo, en España, el 56 % de las empresas no están satisfechas con el rendimiento de sus equipos de trabajo. Solo un 14 % tienen establecidos grupos con una persona responsable de propiciar la integración de todos sus miembros y, en un 31 %, la inclusión se hace de forma menos formal, pues se considera que esta función ya la hacen las propias personas del equipo sin necesidad de apoyo o protocolo.

Para fomentar la inclusión interna hay una pregunta clave que conviene aclarar y herramientas que pueden ayudar a la empresa a alcanzar este objetivo. John Naisbitt recomienda «preguntar a las personas» cuando se rediseñen estrategias de atracción y retención de talento. Para asegurar un balance dentro del conjunto de personas en la organización, lo primero que se debe hacer es preguntar a esas personas qué tipo de soporte necesitan para centrar su atención en sus tareas profesionales y gestionar su vida personal. Sin este balance, no existe satisfacción en la vida profesional, lo que afecta al rendimiento.

La metodología Metaplan permite crear un entorno de máxima eficiencia; identificar la importancia que tiene para trabajadores contar con un entorno de apoyo que les permita gestionar sus tiempos y armonizar vida laboral, familiar y privada; sensibilizar a cada miembro de la plantilla de la importancia de su aportación a los objetivos corporativos; reconocer y compensar su aportación económica y profesionalmente y, sobre todo, conseguir que cada trabajador adquiera el compromiso de asumir su responsabilidad en el logro de la visión, misión y objetivos de la empresa.

Metaplan es un ejercicio de grupo donde se expone la visión y misión de la empresa, porque con gran frecuencia no todas las personas de la organización conocen la extensión de las actividades de la empresa y mucho menos su alcance, como se ha expuesto anteriormente en el libro. Se pone de relieve que los objetivos corporativos solo se alcanzan si cada miembro de la plantilla contribuye con su talento y participación a la consecución de los mismos. La primera parte, «Qué debe hacer la empresa por los trabajadores» recoge las sugerencias de los empleados sobre lo que debe hacer la empresa para crear un entorno inclusivo que facilite la calidad del trabajo para que todas las personas de la plantilla puedan realizar sus funciones con pleno rendimiento. La segunda parte, «Qué puedo hacer yo por la empresa» recoge los compromisos personales que cada persona se compromete a cumplir como parte de su contribución a la sostenibilidad de la organización. Así, cada empleado y empleada termina la sesión con un plan personal de acción.

Air Products utilizó esta metodología en sus catorce filiales en la Unión Europea. Su objetivo era el de extender su política corporativa de potenciación de la diversidad como eje para ampliar las competencias y habilidades de su fuerza laboral. Air Products tiene una comunidad de profesionales ingenieros que garantizan la óptima calidad de sus productos. Era imprescindible que esta riqueza técnica se ampliase para desarrollar además un sentido de servicio al cliente que contribuyese a responder a sus nuevas necesidades, ya fuesen empresas o instituciones.

Se establecieron catorce grupos de consultores que trabajaron estrechamente con los líderes de cada país, en su idioma y cultura, para asumir la diversidad como instrumento de gestión corporativa local para alcanzar objetivos específicos en cada filial, para que hicieran el proyecto propio. Se impartieron 560 sesiones a las que asistieron 20 trabajadores, para incluir a toda la fuerza laboral de las empresas europeas en este proceso de transformación. El IEGD dirigió el proyecto. La experiencia fue extraordinaria, así como los resultados que se lograron a lo largo de los 3 años que duró el proyecto.

Los participantes sugerían acciones relacionadas con mejorar la vida laboral y personal (horario flexible, acceso a promoción, compensación monetaria, ventajas sociales, formación...). Cuando se comprometen a realizar acciones para mejorar los resultados de la organización, lo que en realidad están haciendo es crear su propio plan personal de trabajo, un proceso que pone en evidencia su contribución y el compromiso que adquieren. Se evalúa periódicamente la consecución de los objetivos marcados. Esta secuencia metodológica se puede aplicar en seminarios presenciales o virtuales, en actividades de *gaming* que fomenten el trabajo en equipo, en entornos abiertos que motiven el compañerismo mediante la fuerza de «aprender jugando».

La encuesta de Clima es otra herramienta que habitualmente usan las empresas. Es el barómetro que mide el grado de inclusión de las personas en la empresa y su nivel de satisfacción en el trabajo, que se analizan para decidir la asignación presupuestaria a aquellos programas más eficaces dentro de la organización. Un análisis de resultados de una encuesta realizada por el IEGD sobre el valor del tiempo para los miembros de toda la plantilla de una organización internacional dio un resultado que obligó a la corporación a introducir grandes cambios organizacionales.

El 88 % de los trabajadores creen que trabajan más horas de las que deben, mientras que el 68 % afirman que lo hacen bajo presión y vigilancia. Además, el 71 % declaran que se sienten utilizados y el 60 % que no tiene tiempo para terminar sus tareas. El resultado de la investigación pone en evidencia que las personas valoran en la actualidad su tiempo y que, por tanto, la gestión de los tiempos debe ser el eje de las políticas retributivas en las empresas, estableciendo flexibilidad horaria y trabajo a distancia, la clave para facilitar la armonía con la vida personal y optimizar la eficacia de la organización. Las grandes corporaciones norteamericanas siempre han reflejado en sus páginas web sus políticas de apoyo a los empleados, porque es una forma muy efectiva de atraer los mejores talentos.

Según una investigación realizada por Jesús C. Guillén, director de Escuela con Cerebro, existen ciclos clave de nuestro cerebro que oscilan entre 90 y 110 minutos para mantener la atención. Diversos estudios demuestran que la atención sostenida solo puede mantenerse durante cortos períodos de tiempo que no superan los 15 minutos. Si esto se sabe, ¿por qué suponemos que, cuanto más tiempo pasa alguien en un despacho, incluso más allá de su jornada laboral, va a tener mejor desempeño, a terminar más tareas y a alcanzar mayores y mejores resultados?

Un magnífico ejemplo es el implementado por Angelines Basagoiti en la división de *tickets* de comida de Sodexo: una política de luces apagadas a las cinco de la tarde. Presentó los resultados en un seminario organizado en el IESE y la división había multiplicado su volumen de negocio, había alcanzado alto grado de rendimiento y los participantes mostraban un alto grado de satisfacción con el nuevo método de trabajo, que les permitía gestionar mejor su vida profesional y privada, además de superar objetivos personales en la empresa. Explica Angelines que, al principio, creyendo que tenían cierto margen, algunas personas apuraban hasta el límite. Para su asombro, las luces se apagaban a las 17:00 en punto, a veces dejándolos a mitad de una tarea informática. Así, aprendieron a estructurar su tiempo a lo largo del día para hacer sus funciones con mayor eficacia y terminar sus tareas antes del «apagón» diario.

En cuanto al cumplimiento de tareas, no debemos guiarnos por el reloj, sino evaluar los resultados de empleados activos en diferentes formas de trabajo, olvidando la hora a la que realizan cada labor. Este es un importante cambio cultural que tardará en asimilarse, por parte de los responsables de la empresa y también de los trabajadores. Sin duda, incrementará la eficacia de las organizaciones y la calidad de vida del personal.

16. COMPENSACIÓN: EL DINERO NO ES LA ÚNICA FÓRMULA

Con mayor frecuencia, las políticas de compensación deben tener en cuenta que a las personas no solo se las compensa su trabajo con un sueldo. Que se reconozca su contribución tiene un gran valor; representa la diferencia entre el trabajo rutinario y el trabajo participativo. Premiar por resultados superiores a las expectativas en programas específicos, participar mediante *bonus* en los resultados de la organización... empodera a todos los componentes de la organización. Lo vital es lograr que la gerencia de la empresa reconozca que el éxito, el crecimiento, los beneficios de la empresa dependen enteramente del esfuerzo y aportación de cada una de sus personas.

Las modalidades de compensación dependen enteramente de la filosofía y estructura financiera de la organización. Y esta compensación puede ser monetaria o no monetaria, como se ve en los resultados de una investigación realizada sobre las preferencias de los empleados en cuanto al valor de sus tiempos, que desvelaron que el 47 % de la fuerza laboral prefería ganar menos con tal de tener más tiempo libre. Ofrecer tiempo sabático y flexibilidad horaria pueden ser formas de remuneración muy efectivas.

La comunicación y la visibilidad son fuente de reconocimiento para empleados de todos los niveles que hay que tener en cuenta en el momento de diseñar políticas de compensación. Las personas tienen cada vez más objetivos añadidos a la ejecución de su profesión, para aportar más valor a la empresa en la consecución de su misión, por una parte, y para satisfacer sus preferencias y necesidades personales, por la otra. Son preferencias como tiempo para cursar nuevos estudios, promocionar hacia áreas diversas de la organización, trabajar algún tiempo en otras sucursales y países donde la empresa tenga actividad y formar parte de comités de la empresa para gestionar proyectos específicos, tanto profesionales como sociales. Y, sobre todo, que su contribución tenga visibilidad para el resto de la organización.

El empoderamiento económico de la mujer también es un buen negocio del que las empresas se benefician enormemente, pues la presencia de la mujer en cargos de liderazgo aumenta la eficacia de la organización. Se estima que las compañías donde tres o más mujeres ejercen funciones ejecutivas superiores registran un desempeño más alto en todos los aspectos, como es el caso de Mutua Madrileña y Bankinter en España.

Hay amplias evidencias de que, cuando las mujeres pueden desarrollar plenamente su potencial en el mercado de trabajo, los beneficios macroeconómicos son significativos, como afirman las investigaciones de Boileau *Loko* y Mame Astou *Diouf* en 2009 o de Dollar y Gatti en 1999. Se ha estimado que en determinadas regiones las pérdidas de PIB per cápita atribuibles a disparidades de género en el mercado laboral llegan hasta el 27 % (Cuberes y Teignier, 2012). Si se elevara la participación de la mujer en la economía a los niveles de participación masculina actual, según TPFFL, todo el país se beneficiaría: un 5 % en Estados Unidos, un 9 % en Japón, un 12 % en Emiratos Árabes Unidos y un 34 % en Egipto.

La brecha salarial de ciertas empresas puede llegar al 30 % de diferencia entre lo que percibe la mujer y lo que percibe el hombre por el mismo cargo. PwC ha desarrollado una excelente herramienta que permite gestionar esta brecha, que desafortunadamente existe en múltiples organizaciones. Este proceso tiene varios objetivos: compensar a las personas por su valor real y su contribución a la cuenta de resultados; operar siempre dentro de la legalidad, ya que la discriminación está penalizada por la ley, como bien saben empresas como Walmart. Discriminar no es un buen negocio a la hora de compensar a la fuerza laboral.

Walmart es la empresa más grande del mundo, con 3000 tiendas y 2 millones de empleados y empleadas, el 80 % de los cuales son mujeres. Sus tiendas están situadas en áreas rurales y zonas suburbanas de las grandes ciudades. En 2001, un grupo de empleadas pusieron una demanda por discriminación de género, promoción, edad, sueldo, cultura y acoso sexual. De haberse ganado el litigio, habría implicado una multa que habría llevado a la empresa al cierre. El 20 de junio de 2011, el gigante de la distribución ganó la demanda colectiva tras el rechazo del Tribunal Supremo de EE. UU., porque ni los Estados Unidos, ni ningún otro país del mundo puede permitirse el lujo de cerrar un proyecto que crea 2 millones de puestos de trabajo y que atiende a una parte significativa de la población rural; globalización que tiene un enorme peso en la estructura social y financiera del país. La demanda judicial ha servido de alerta para que el gigante de la distribución reestructure su modelo de negocio para eliminar brechas de discriminación que actualmente practica.

El valor tangible de la fuerza laboral es fácil de calcular analizando el impacto de su contribución a los resultados en las acciones en las que participa. Para valorar la contribución intangible se puede establecer un sistema de valoración por parte de las personas de su entorno.

17. INNOVACIÓN: LA DIVERSIDAD GENERA CREATIVIDAD E INNOVACIÓN

La innovación es causa directa de la diversidad de perfiles, de los componentes de un equipo o de una organización. Solo el 10 % de las ideas son únicas en el mundo; el resto provienen de la innovación, como declaró John Naisbitt en 1978 en *Megatrends*. Y afirmó algo más: «Las empresas están en el negocio continuo de la innovación». Innovar debe ser una actividad continua, ya sea en sistemas de gestión de personas, procesos, productos o servicios, como en comercialización, distribución y estrategias de venta; en la introducción y aplicación de tecnología, de sistemas financieros o en modelos de alianzas.

El valor de las acciones de Microsoft se multiplicó casi por seis a pesar de la crisis provocada por la COVID-19 desde la llegada de Satya Nadella en 2014 a la jefatura del imperio. En su primer correo, escribió a toda la plantilla: «Nuestra industria no respeta la tradición, solo respeta la innovación». Cada componente de su fuerza laboral ya sabe a qué atenerse si quiere hacerse un lugar en la corporación.

La innovación es el factor crítico para la sostenibilidad de las empresas, como establecen King and Anderson (1995), Abernathy y Utterback (1978) e Isaken (2000), entre otros investigadores. Tatli y O. Zbilgin (2000) proponen cinco motores para la creatividad e innovación como disciplina obligatoria para asegurar la presencia de la organización en los mercados: cumplimiento legal, capacidad de atraer y retener los mejores talentos, proyectar su responsabilidad social y mantener la empresa como referencia en el mundo corporativo.

Como toda estrategia corporativa, es preciso medir y evaluar el resultado de la innovación que los recursos humanos sean capaces de crear para la organización. Es clave para la asignación de presupuestos, para el fomento de esta actividad, así como para conocer su contribución a la cuenta de resultados de la organización.

Kaplan y Norton (1996) proponen el uso del cuadro de mandos integral si es la herramienta que la organización emplea habitualmente. Ricardo Breveeld sugiere el uso de Portfolio Management. El Instituto Europeo para la Gestión de la Diversidad propone la metodología de indicadores de costes y beneficios para el cálculo financiero de la contribución que hace cada proyecto de diversidad a la sostenibilidad de la empresa.

Las tendencias demográficas y las presiones legislativas, así como la fuerza competitiva del mercado por atraer talento y habilidades, hacen permeables las barreras a grupos considerados como minoritarios, excluidos por el estereotipo cultural de la entidad. La cuestión no solo radica en desarrollar una fuerza laboral diversa, sino en cómo manejar su inclusión en el presente y hacia el futuro.

Mentoring

Para este fin es muy efectivo establecer un sistema de mentores en toda la organización, independientemente del tamaño de la misma. La situación óptima es que toda persona tenga un mentor, para asegurar su inclusión social y profesional. Debe ser alguien que pueda introducirla a la cultura de la organización, a la forma en la que la gente de la organización opera, su forma de hacer, de promocionar y su logística de actuación, que sepa transmitir los límites de la organización y la jerarquía para la toma de decisiones, así como las normas básicas de respeto y el campo para la innovación. Y sobre todo que facilite la relación interpersonal con el resto de los trabajadores de la organización para asegurar la inclusión social de todas sus personas.

Esto no quiere decir clonar a las personas, todo lo contrario. Se trata de que, conociendo las normas básicas de comportamiento dentro de la organización, se propongan nuevas ideas que puedan ser admitidas y valoradas sin crear conflictos. Está probado que los programas de mentores en las organizaciones reducen la rotación, gestionan con éxito problemas de diversidad y aumentan el sentido de pertenencia de sus personas. Hay muchos beneficios adicionales, como el incremento en productividad de la fuerza laboral, la mejora del clima sociolaboral y el desarrollo de una fuerza laboral competente. Además de que el conocimiento transgeneracional es una piedra angular para la retención de talento. Así, se fomenta el contacto entre trabajadores sénior y júnior, sin perder el tesoro de la experiencia adquirida y transmitiendo al mismo tiempo la experiencia de los jóvenes, como el dominio de técnicas emergentes y apuestas de conexión diferentes con perfiles de agentes externos.

Boeing Corporation, la gran empresa de aviación con base en Chicago, tiene fama por su política de mentorización ofrecida a toda la fuerza laboral para que cada persona tenga la oportunidad de mejorar sus habilidades de liderazgo y pueda desarrollarse profesionalmente en esta industria tan competitiva y global. Caterpillar, por su parte, ha establecido un programa de monitorización transgeneracional que dura 3 años entre mayores y jóvenes en la empresa con el firme propósito de alcanzar las metas de desarrollo de habilidades y competencias que se han marcado. McGraw-Hill tiene un programa muy efectivo al que el 97 % de los participantes dan un alto valor. En Bain and Company, empresa de consultoría, cada persona tiene un mentor y se considera la base de su política de inclusión de la diversidad, lo que les ha permitido tener un 50 % de hombres y mujeres en la organización, en igualdad de condiciones. La política de mentores lleva más de 20 años como base del desarrollo de personas de General Electric, que ha logrado extenderla a nivel internacional para incluir a sus miembros en todo el mundo.

Lo ideal es que la nueva incorporación, externa o interna, independientemente del nivel al que se incorpore, tenga el apoyo de un mentor profesional y social que la guíe en el aspecto técnico y cultural de la empresa. Estos actúan de forma voluntaria para propiciar que conozca a colegas de otros departamentos y establecer una comunicación social fluida que contribuya a sentirse incluido en la organización y, por consiguiente, a mejorar la eficacia del proceso empresarial.

Movilidad

La movilidad genera diferencia. Cambiar de departamento a los trabajadores es una forma muy efectiva de crear un entorno diverso. La fuerza laboral diversa no depende solamente de nuevos talentos que se integren a la organización; la empresa ya es diversa de por sí, pues todos sus componentes son diferentes en menor o mayor grado. Solo hay que mover sus conocimientos y aportaciones a las diferentes aéreas de la organización para optimizar estas diferencias.

Lucent Technologies (ATT) se planteó el objetivo de ampliar el perfil de su fuerza laboral, que siempre había estado esencialmente formada por ingenieros. Se adoptó la política de incluir personas de marketing a sus equipos de proyectos. El objetivo era agregar al comportamiento eminentemente técnico de los ingenieros una visión de servicio al cliente y desarrollar productos y herramientas de gran utilidad social.

Asignar trabajos temporales a la plantilla para que colaboren con otros grupos que no son los suyos habituales saca a las personas de la rutina, estimula el aprendizaje tanto de la persona que entra en el grupo como el de sus componentes. Cuando regresa a su función habitual, lo hace con ideas nuevas que puede poner en práctica. El 17 % de las empresas en España orientan a su fuerza laboral para que sean capaces de aprovechar y beneficiarse de los perfiles diversos de sus compañeros de trabajo, y un creciente 31 % lo hace en menor grado y deja que los empleados encuentren por sí solos el equilibro, el respeto y la inclusión de las diferentes culturas, puntos de vista y perfiles diversos.

Mandar a un ejecutivo durante una semana o un año a unas instalaciones diferentes de la empresa puede ser una forma de compensación al mismo tiempo que representa un beneficio para dicha persona, así como para el personal de la nueva subsidiaria donde se incluya.

Se desarrolló una herramienta para una filial de Telefónica España, para gestionar de forma positiva y enriquecedora la interculturalidad de la plantilla en movilidad a filiales en otros países. Para ello, se creó un videojuego, una historia de roles cuyo tema es un viaje a la India de un grupo de personas que no se conocían entre sí. Durante el viaje, surgen situaciones muy extremas, y lo significativo es que las personas que menos resultados esperaban encontraban soluciones creativas y viables para hacer del viaje una experiencia enriquecedora. El grupo convino que querían repetir la experiencia. La sesión virtual la siguieron 6000 ejecutivos y ejecutivas de diferentes áreas del mundo.

La movilidad, ya sea interna o externa, fomenta el aprendizaje, el intercambio de conocimientos y el cultural, tanto en la persona que se traslada como en el grupo o área en la que participa temporalmente. La movilidad es una herramienta de gestión, una oportunidad que se ofrece a las personas para avanzar en la empresa, salir de la rutina de su puesto de trabajo y abrirse a nuevas oportunidades. Una organización aprende.

Retención

Los empleados que dejan la empresa se llevan conocimiento, el *know-how* que han adquirido, las relaciones interpersonales que hayan podido establecer y la experiencia. Se llevan un enorme valor que equivale a la inversión que la empresa ha hecho en cada persona y, por lo tanto, cuando abandona la organización, supone una gran pérdida que no siempre se calcula dentro del «valor del empleado o empleada». La rotación es un aspecto muy costoso para la empresa; el éxodo de talento y de experiencia debe medirse para invertir en políticas de retención y evitar esta pérdida de valor y eficacia.

El 21 % de las empresas está totalmente de acuerdo con el hecho de que las culturas diversas representan un valor importante para la organización, mejorando patrones de comportamiento y otros niveles de eficacia, mientras que un 18 % protocoliza su generación de conocimiento para potenciar las diferentes áreas de la organización y evitar la pérdida de este *know-how*. Retener talento es una función clave de la empresa cuya responsabilidad operativa recae en la dirección de personas. Pero en realidad es responsabilidad de todos los miembros de la entidad. Una empresa inclusiva es un lugar interesante, productivo, estimulante donde trabajar, un lugar físico o virtual donde la persona disfruta estando, perteneciendo, actuando, y para quien resulta positivo dedicar su tiempo.

Siemens estableció en Italia un importantísimo programa orientado a asegurar la calidad de vida de sus ingenieros en un momento de traslado de localización de la sede. El criterio principal de medición de esta operación fue la pérdida de oportunidad de negocio por cada ingeniero que dejaba la empresa a causa de ese traslado. La empresa sabía que no podía permitirse el lujo de perder más del 20 % de su equipo, porque el coste de reposición de uno de sus ingenieros equivalía a un año y medio de sueldo más su coste en infraestructura. «Puedo perder una persona, pero no su experiencia», determinó el líder del proyecto.

Muchas empresas crean clubes o asociaciones para que participen voluntariamente aquellas personas jubiladas o que hayan dejado la empresa por razones personales. Estas entidades imparten conferencias, formación, actividades culturales, participación en proyectos sociales de la empresa, estableciendo siempre mecanismos que alarguen su vida «activa» en la organización. Transportes Metropolitanos, por ejemplo, tiene un club de jubilados que participan activamente en muchas acciones de la organización. Otras empresas establecen un acuerdo de asesoría con algunas personas que se han retirado, pero que quieren seguir activos profesionalmente, como es el caso de Deutsche Bank en Alemania. También sustituyen las bajas temporales de forma mucho más efectiva, pues los trabajadores exempleados conocen la empresa y actúan de forma eficaz.

Las empresas que practican estas políticas transmiten credibilidad y un sentido de pertenencia a toda su fuerza laboral. Retener el talento y la experiencia de las personas que se retiran de la organización es un «caso de negocio», un factor económico y social que contribuye a la sostenibilidad empresarial.

18. GESTIÓN DEL TIEMPO COMO RECURSO: LO QUE MÁS VALORA LA PERSONA

El tiempo ha dejado de ser un patrón de medida en esta nueva era para transformarse en una valiosísima herramienta estratégica, en un recurso para evaluar a cada persona por su aportación a los resultados de la organización, no por la cantidad de tiempo (horas) que está presente en la empresa. España es el país de Europa donde la gente duerme menos horas, donde está más horas en el trabajo y donde la productividad es más baja (puesto 49 en el *ranking* de países por su productividad). El 88 % de los trabajadores creen que trabajan más horas de las que deben, mientras que el 68 % afirman que lo hacen bajo presión y vigilancia. Además, el 71 % declaran que se sienten utilizados y el 60 % declara que no tiene tiempo para terminar sus tareas.

Una empresa multinacional debe plantearse cómo mejorar el rendimiento de sus tomadores de decisión y de los altos ejecutivos responsables de garantizar una cuenta de resultados sostenible hacia el futuro que garantice la presencia de la organización en la economía del país por su capacidad para mantener una fuerza laboral activa. Lo mismo se aplica a las pymes, aunque en una dimensión más manejable. La investigación que realizó el IEGD en 2012 con este fin puso en evidencia unos resultados que han obligado a grandes transformaciones en la estructura de los niveles de toma de decisión corporativa y que no han hecho más que confirmar el análisis prospectivo de sus datos: el 43 % de los trabajadores estarían dispuestos a ganar menos con tal de tener más tiempo libre, pero es interesante que sea el 78 % de hombres los que manifiestan esta preferencia. Aún más significativo es que el 46 % de los ejecutivos quieren reducir su tiempo de trabajo, mientras que el 77 % de los hombres y el 65 % de las mujeres optan por el trabajo a distancia como forma laboral. El hecho de que el 80 % de los altos directivos en puestos de toma de decisión afirmen que quieren trabajar una parte de su vida profesional a distancia es indicativo de lo que ha empezado a ser la forma habitual de trabajo como resultado de la pandemia de la COVID-19 en España y toda Europa, porque siempre ha sido práctica habitual en Estados Unidos. El argumento que dio este segmento de encuestados fue que las grandes decisiones generalmente no se toman en los despachos, sino que se negocian y toman en reuniones fuera del mismo. También destacaron que su presencia en la empresa les provocaba significativas pérdidas de tiempo por causa de interrupciones, largas entrevistas y reuniones y llamadas y visitas inesperadas que no aportaban valor a la organización. Es decir, en general las distracciones surgen como resultado de su presencia física en la empresa. Este coste de tiempo perdido y tiempo desperdiciado, en según qué tipo de empresa, puede llegar a representar hasta el 40 % del coste persona, lo que evidentemente representa un nivel de ineficacia no asumible por la organización. Por lo tanto, es imprescindible que se fomente la gestión de los tiempos por la persona y que se valore la contribución que hace a los objetivos de la empresa desde su puesto de trabajo y no por las horas que está en la organización.

Nestlé, una sabia empresa suiza, bajo la vicepresidencia mundial de José Daniel Gubert como responsable de recursos humanos, estableció en los años ochenta un horario flexible de entrada y salida de la empresa, con un margen de 2 horas de entrada y otras 2 de salida y la obligación de estar en la empresa dentro de una horquilla de 6 horas. Esto facilitó la organización de reuniones y de interacción laboral, así como la atención a responsabilidades personales sin crear tensiones ni necesidad de permisos extra. La eficacia de gestión de Nestlé es mundialmente reconocida.

La tecnología es la gran aliada de toda una nueva forma de concebir el trabajo y, por lo tanto, de una nueva calidad de vida de las personas, al igual que de nuevas políticas de organización laboral de las empresas, políticas de flexibilidad promovidas por instituciones que siempre optado por formar y establecer la flexibilidad como sistema para que las personas operen de forma holística en entornos cada vez más inestables.

Gracias al IFREI (el Índice Familiar de Responsabilidad Corporativa del IESE), establecido en más de 20 países, han sido cientos de miles las personas y familias que han podido mejorar la conciliación de su vida profesional y familiar. Se trabaja a nivel empresa, departamento e individuo, buscando alternativas reales de flexibilidad para que mujeres y hombres no estén obligados a renunciar al ámbito personal o al profesional. También ARHOE (Asociación para la Racionalización de los Horarios Españoles) y el CARH (Comité Asesor para la Reforma Horaria en Cataluña) promueven una sociedad más flexible y humana en sus horarios, estructuras y políticas públicas, facilitando la conciliación de la vida laboral, familiar y personal de todos los ciudadanos.

19. LA INTELIGENCIA ARTIFICIAL: AYUDA Y SUSTITUYE A LA HUMANIDAD

La inteligencia artificial sustituye a la persona en el lugar de trabajo mediante la automatización de procesos cognitivos repetitivos cada vez más complejos. Esto se traduce en menos necesidad de trabajadores en transporte, producción y agricultura, al tiempo que aumenta la demanda de talento en sectores como servicios, información y tecnología, entre otros. Esto puede ocasionar una desigualdad de oportunidades de trabajo.

Sustituir a las personas en trabajos repetitivos obliga el desarrollo de capacidades profesionales diversas y de calidad en nuevas áreas del conocimiento para promover una vida laboral en el futuro y que las empresas puedan contar con el talento que les permita mantener una posición competitiva en los nuevos mercados. La Cuarta Revolución Industrial ha creado un nuevo sistema socioeconómico, según explica el informe publicado PwC.

El uso ético y responsable de la IA requiere de tres elementos básicos: el uso de grandes volúmenes de datos, el uso de los algoritmos para actuar y tomar decisiones y la gradual reducción de la intervención del ser humano en cualquier tipo de procesos. Algunos ejemplos de proyectos basados en inteligencia artificial evidencian que su aplicación no tiene límites.

- En el mundo hoy, DNV GL usa sensores generadores de energía eólica para alimentar ordenadores con capacidad de aprendizaje.
- En el mundo hoy, Planet Watcher tiene la capacidad de monitorizar paisajes y gestionar habitantes de bosques para evitar desastres climáticos.
- En el mundo hoy la NASA usa robots para detectar contaminación, nivel de temperatura del agua, proteger el fitoplancton con el uso de visibilidad por satélite y ordenadores con sistemas de aprendizaje.
- En el mundo hoy, AirVisual, IBM y Microsoft desarrollan herramientas para pronosticar la calidad del aire en ciudades como Pekín. La Cuarta Revolución Industrial ha eliminado rígidas infraestructuras para avanzar hacia infraestructuras ágiles que no dejan huellas medioambientales.
- En el mundo hoy, la Oficina Meteorológica del Reino Unido y la NASA, así como empresas del sector privado, como IBM y Microsoft, usan IA y ordenadores de autoaprendizaje para elevar el comportamiento y eficacia de los modelos climáticos.
- En el mundo hoy, Google reduce un 40 % el uso de energía usando alegorismos DeepMind, mientras que desde Brasil a Filipinas se usan sistemas inteligentes para gestionar el rápido crecimiento de ciudades.
- En el mundo hoy, la iniciativa US National Science Foundation EarthCube ya emplea ordenadores de autoaprendizaje y simulación en 3D.
- En el mundo hoy, Planeta ya ha colocado 180 microsatélites en órbita para tener en imagen todo el planeta a tiempo real.

La inteligencia artificial es un gran aliando para empresas y particulares que buscan más rentabilidad. El aumento de la productividad incrementa el consumo por el aumento de la personalización, el diseño de producto y el marketing. La oportunidad de aprovechar la IA en beneficio de la humanidad y su entorno es sustancial. La inteligencia y productividad que se ganan gracias a la IA pueden abrir una infinita variedad de soluciones a los amenazantes retos que tiene la sociedad: cambio climático, biodiversidad, salud de los océanos, gestión del agua, polución medioambiental, eficacia laboral y empresarial...

Hoy y hacia el futuro es preciso desarrollar conocimientos que garanticen una presencia activa tanto en el mundo empresarial como en el desarrollo profesional personal. La diferencia está en que la formación técnica ya no es suficiente; la formación cultural marcará la diferencia. La empatía, la multiculturalidad, las comunicaciones, los servicios, la capacidad de cambio y flexibilidad, la innovación y la competencia para detectar oportunidades derivadas de necesidades de las personas e instituciones constituirá la diferencia para poder mantener una sostenibilidad en entornos tanto locales como globales. En definitiva, el éxito de la implantación de la IA pasa por su humanización. Esto hará necesaria la colaboración entre científicos y humanistas para lograr que la IA permee de forma eficiente en todos los sectores productivos.

Celine Herweijer y Dominic Waughray dejan muy claro en el informe The Fourth Industrial Revolution for the Earth que «cada agente del entorno es responsable de poner en marcha las acciones que tiendan a que la humanidad pueda disfrutar de una Tierra sostenible con calidad de vida en las próximas décadas». El informe establece que la humanidad ya cuenta con la herramienta que puede ayudar a la sostenibilidad de la Tierra: la inteligencia artificial. Es preciso potenciarla.

Las empresas deben establecer un consejo directivo que gestione el uso de inteligencia artificial para garantizar su implementación con seguridad, ética, valores y gobernabilidad, optimizando al mismo tiempo los resultados y gestionando los riesgos del escenario. Las empresas pioneras que potencien el valor de la IA para innovar tendrán éxito, como ya ha hecho Microsoft con su programa «IA para la Tierra», que ofrece herramientas a universidades y administraciones que trabajan en campos medioambientales, empresariales y sociales para asegurar una sostenibilidad holística global. Aquí, se incluyen soluciones interdisciplinares en la relación entre industrias, grupos gremiales, grandes empresas de tecnología, administraciones, abogados pensadores, organizaciones sin ánimo de lucro... para optimizar los resultados y nuevas soluciones.

Dado el poder de la sociedad, es esencial desarrollar estructuras de gobierno que respondan a las culturas y estilos de vida diversos que conforman la humanidad. La inteligencia artificial está llamada a dar soporte a iniciativas incluyentes para los objetivos sobre desarrollo sostenible de las Naciones Unidas, lo que convierte la inversión en D&I en una prioridad absoluta. La inteligencia artificial ha cambiado el mundo para siempre, y las personas y sus entidades deben desarrollar nuevas y diferentes competencias y habilidades para poder operar en escenarios de futuro altamente diversos.

20. DIFERENTES FORMAS DE TRABAJO: VALORAR LA CONTRIBUCIÓN Y NO LA PRESENCIA

No es casualidad que esta crisis global ha llegado en 2019. Como se ha mencionado anteriormente, la pandemia ha sido solo una gota más en el profundo desequilibrio en que está inmersa la humanidad: una curva demográfica desorbitada donde el 95 % del crecimiento viene de las áreas subdesarrolladas; una brecha económica que genera cada vez más millonarios y cada vez más pobres; un endeudamiento de regiones superior al 120 % de sus respectivos PIB, así como de empresas que no pueden hacer frente ni al pago de los intereses; un desequilibrio medioambiental que hace peligrar la salud del planeta... Y la pandemia ha llegado para dar una bofetada a la humanidad y hacerla reaccionar.

La humanidad tiene mucho que cambiar si quiere avanzar hacia un desarrollo sostenible y asumir que se vive en un mundo global. Es preciso aprender que cualquier cosa que pase en un rincón del mundo tendrá repercusión de una u otra forma a nivel global. Solo hay que recordar *El vuelo de la mariposa*, un mensaje desarrollado por José Luis de la Rica que ahora es preciso divulgar para ayudar a las personas a entender la evolución de la que forman parte.

Es hora de aprender. Y sobre todo de preparar la era postvirus, que en realidad será la era postinsostenibilidad a la que se ve abocaba la población mundial con unas herramientas incapaces de gobernar el mundo y causantes del caos actual. La humanidad aspira a lograr calidad de vida, tanto en lo personal como en lo profesional. La inmensa mayoría de la población mundial está altamente insatisfecha por razones diversas. Esta realidad se puede analizar también desde la óptica del trabajo.

¿Cuánta gente en el mundo dedica la mayor parte de las horas del día a realizar labores que no les agrandan a cambio de una remuneración que les permita cubrir sus gastos de vida y los de su familia, para poder «vivir»? Esto no es vida. Hay que dedicar la vida a aquellas actividades y tareas que más agradan, para no «trabajar», sino disfrutar de la mayor parte de las horas del día. Cuando se trabaja presencialmente, no es posible ocuparse de las necesidades personales ni familiares, y esta falta de tiempo es la gran causante del descenso de la natalidad en aéreas del mundo con desarrollo industrial. Aunque se apuesta por la necesidad de las empresas de ofrecer programas de conciliación para retenerle a sus empleados y empleadas más tiempo en la empresa, deben implantarse otros sistemas laborales que permitan a las personas gestionar sus tiempos y poder cumplir con sus compromisos laborales, personales y familiares. Y al mismo tiempo contribuir a mejorar la cuenta de resultados de las entidades en las que trabajan, como consecuencia de una gestión mucho más eficaz de todos los recursos.

Trabajo a distancia

Como se ha visto anteriormente, el coronavirus obligó a los gestores de personas en organizaciones a establecer el trabajo a distancia cuando era posible y aceleró también el uso de la robótica y la IA para sustituir la presencia de personas en el lugar de trabajo. La tecnología permite realizar todo el trabajo intelectual a distancia, desde una estación de trabajo o desde unidades móviles de trabajadores, dependiendo de su función. Solo la producción requiere de presencia en las instalaciones de la empresa y cada vez está más cubierta por la robótica.

El virus no solo obligó al trabajo a distancia, sino que supuso una magnífica oportunidad para que quienes gerencian las empresas e instituciones aprendan que el trabajo a distancia es mucho más eficaz para la organización que mantener la presencia de toda la plantilla en una infraestructura todos los días, todo el día. Son tres las razones básicas.

a) El coste de infraestructura es altísimo: espacio, servicios, energía, mantenimiento, impuestos, seguros. Es imperativo que las empresas tengan calculado el impacto directo de cada persona de su plantilla sobre costes de infraestructura. El rechazo frontal todavía existente hacia el trabajo a distancia es un elemento cultural: el líder de la organización quiere ver a la plantilla en sus despachos porque cree que así trabaja más y es más eficientes. Craso error.
b) La persona rinde más y con mayor satisfacción cuando gestiona sus tiempos; cuando organiza su vida profesional y privada en armonía y al menor coste monetario posible. La conciliación no se basa en crear programas y beneficios que aseguren una presencia de 8 horas en las oficinas, extensible a todo el tiempo que se logre retener a las personas en su despacho con la presunción que así rendirá más. Y todo por la promesa no escrita de tener más oportunidades de promoción al mostrar con su presencia su compromiso con la organización. La pregunta es si la empresa paga a su fuerza laboral por las horas de presencia o por alcanzar unos objetivos definidos y medibles, por su rendimiento.

El virus obligó a aprovechar la ocasión y sirvió de «piloto» en el desarrollo de nuevas formas de trabajo eficaz para la organización: reduciendo costes operativos, incrementando la productividad de las personas e impactando drásticamente en el cuidado del medioambiente por la reducción en la movilidad de gran parte de la población laboral. Transportes Metropolitanos de Barcelona vio cómo se redujo un 50 % el número de personas que transportaban a diario, mientras que sus costes de infraestructura seguían siendo los mismos.

Medir e identificar indicadores cuantitativos que puedan medir el ahorro en infraestructura es esencial, en especial ahora que se ha probado en la propia empresa y que no es necesario albergar a todos los trabajadores en las instalaciones. También son importantes los indicadores que miden el desempeño de los trabajadores en las funciones que realizan, indicadores culturales que miden el grado de satisfacción de clientes y proveedores, así como de trabajadores, por poder realizar sus funciones al mismo tiempo que gestionan su vida personal y familia. Se puede medir el grado de satisfacción de empleados, el sentido de pertenencia a la organización, la utilidad del tiempo dedicado a funciones profesionales, la reducción de la rotación..., todos ellos indicadores del grado de eficacia del trabajo a distancia.

El objetivo es que esta forma de trabajo permanezca como política corporativa en el futuro. En marzo de 2021, el 52 % de las personas que trabajan a distancia preferían seguir trabajando con esta modalidad y aprovechar esta experiencia para así dar respuesta a las demandas históricas de la población trabajadora: más tiempo personal. Algo que han puesto de manifiesto las investigaciones realizadas. Del mismo modo, se necesita formación, tanto para trabajadores como para coordinadores de los grupos de trabajado.

Ejemplo de ello es la metodología con que Xerox organizó el servicio al cliente a distancia. En 2000, la empresa ofreció a toda su comunidad de personas la oportunidad de participar en el programa de trabajo a distancia para Atención al Cliente. Formar parte en dicha división de la empresa era voluntaria y consistía en dar formación a quienes se integraban a esa división, bajo la coordinación de una persona responsable de un número determinado de trabajadores del equipo. Las personas que se incluían pactaban la duración del mismo y su reincorporación a su puesto en el área de la corporación de donde procedían. La empresa montó una estación de trabajo en el domicilio de cada empleado o empleada, y era obligatorio mantener el nivel de comunicación acordado con el coordinador del equipo para recibir las solicitudes de servicios por parte de los clientes, programar sus agendas de visitas y reportar los resultados. Cada persona dedicaba tiempos variables durante el día a sus funciones profesionales, según hubiera acordado con la coordinación, ya que podían tener una dedicación más o menos amplia, lo que condicionaba el número de clientes atendidos y la carga de trabajo asignada. El equipo se reunía en la empresa una vez por semana para intercambiar experiencias, hacer reciclaje en cuanto a productos, conocimiento de los clientes y perfeccionamiento de la logística. Xerox triplicó la demanda de pedidos de servicio de sus clientes, alcanzó un 97 % de satisfacción entre los participantes y redujo de forma drástica los costes de infraestructura, al no tener el coste que representa el espacio fijo en las oficinas para los 3000 empleados que en ese momento trabajaban en el programa. También descubrió que el perfil de los componentes del programa era enormemente diverso y que contaba con personas de gran talento que, por diferentes razones, necesitan tener tiempo que les permitiese desarrollar proyectos profesionales o personales, tales como atender necesidades puntuales de la familia... Este fue el caso de un joven que pidió entrar en el programa para poder entrenar para los Juegos Olímpicos. Leslei Sabo dejó temporalmente su posición en el departamento comercial y se unió al proyecto mientras crió a sus tres hijos y luego regresó al departamento comercial en una posición superior a la que había dejado. El trabajo a distancia, profesionalmente organizado, es un caso de negocio muy potente.

Twitter lidera una transformación trascendental en el mundo corporativo americano. Su presidente, Anton Andryeyev, dirige una empresa de 3638 empleados con un volumen de negocio de 2210 millones de dólares y 521 000 000 de beneficios desde su casa de 2000m^2 en Kauai, en la isla de Hawái, desde hace 2 años, según reporta Elizabeth Dwoskin. La experiencia de Twitter, que autoriza y anima a sus ejecutivos a trabajar desde casa o desde donde quieran en lo sucesivo, es un ejemplo para el resto del mundo corporativo del que se puede aprender e imitar. Es una profunda transformación del trabajo que Andryeyev considera fundamental para saber actuar en la Cuarta Revolución Industrial, que ya ha empezado y que será la nueva forma vida en el futuro.

Sin embargo, Twitter no ha cerrado sus despachos, pues suponen un lugar de encuentro para empleados, equipos y servicios permanentes. Gran parte de sus antiguos despachos ya están en alquiler como un negocio más para la empresa, lo que tiene consecuencias gigantescas en el sector inmobiliario. Ciertos espacios de empresa deben encontrar otros usos, una oportunidad para las empresas propietarias de desarrollar una actividad económica paralela y para el sector inmobiliario en general, que verá grandes espacios disponibles que posiblemente cambien los costes de alquiler y el valor de venta de los mismos. Cualquier tamaño de vivienda necesitará contar con espacios de trabajo, lo que también exigirá una oferta de decoración y mobiliario para atender esta necesidad de toda la población activa del país. IKEA no tardó en lanzar el armario/despacho para dar respuesta a quien trabaja a distancia y vive en un piso pequeño y poder así tener cómodamente su lugar de trabajo.

Coral Hotels de Canarias ha lanzado una oferta de *coliving* para vivir y trabajar junto al mar, con hoteles en Tenerife y Fuerteventura que promueven las largas estancias para trabajar a distancia desde Canarias. El lema de Coral Hotels, que tuvo un éxito arrollador, es: «Trabaja desde el paraíso». Tienen el claro objetivo de convertir a sus clientes en residentes estables, lo mismo que el hotel Los Olivos Beach Resort de Tenerife.

El mundo corporativo americano trabajará a distancia como nueva forma de vida en la Cuarta Revolución Industrial.

Trabajo compartido (*job sharing*)

¿Quién dice que todas las personas quieren tener una jornada laboral completa de 8 horas? Hay una inmensa mayoría de mujeres y hombres que quieren trabajar media jornada, haciendo su función en 4 o 5 horas, de mañana o tarde. ¿Por qué perder el tiempo para justificar las arcaicas 8 horas que se imponen históricamente? No hay duda de su contribución en siglos pasados, pero no en la era de la tecnología y la información virtual. Alguien tendría que advertir a los sindicatos de que ya no defienden los verdaderos intereses de los trabajadores de hoy, y mucho menos los del futuro.

El Ministerio de Defensa británico tiene a Caroline Pusey y Heather McNaughton dirigiendo a sus 120 subalternos de lunes a viernes por el método de trabajo compartido, según informa Lopetegui desde *El País*. Caroline y Heather son igualmente responsables de la función que ejercen. Se distribuyen el tiempo, el salario y las funciones para asegurar la calidad del rendimiento. «Queremos avanzar en nuestra carrera profesional, pero también queremos dedicarles a los hijos el tiempo que necesitan», explica Pusey.

Hace más de 30 años que el trabajo compartido (*job sharing*) y el tiempo parcial (*part-time*) son fórmulas de trabajo colaborativo muy populares en Estados Unidos y otros países desarrollados, donde se valora a las personas por su rendimiento y no por el tiempo de presencia en la empresa y donde desde los años ochenta las empresas han abrazado políticas de diversidad para mejorar la eficacia de las organizaciones, ofreciendo a todas las personas de la plantilla, independientemente de sus perfiles diversos, una flexibilidad horaria que permite compaginar todas las funciones profesionales, familiares y personales con un alto grado de satisfacción.

Suiza, Reino Unido, Alemania o Australia son países en los que compartir el trabajo se ha convertido en una fórmula relativamente frecuente. En España, el sistema no está extendido por la barrera que imponen los sindicatos, que siguen reclamando más salario, más días de vacaciones y más contratos fijos a tiempo completos, sin importarles que hoy las personas tienen como prioridad gestionar sus tiempos.

Una enorme ventaja del modelo de *job sharing* es que el puesto cuenta con dos cabezas pensantes que en momentos críticos generalmente resuelven con mayor eficacia los problemas. Según admiten las dos personas, no se desconectan totalmente de sus áreas de responsabilidad y los clientes lo agradecen, porque tienen dos referentes en lugar de uno, ocupándose de ellos.

Trabajo a tiempo parcial

En el caso del trabajo a tiempo parcial, lo que hacen los empleados es cubrir módulos de trabajo en determinadas horas. Por ejemplo, si la jornada laboral está establecida en 10 horas, una persona cubre 5 horas y otra las 5 restantes. Este método se aplica esencialmente a tareas de producción donde el tipo de trabajo es repetitivo, facilitando la alternancia sin pérdida de eficacia.

Organizar el trabajo a tiempo parcial en la empresa es enriquecedor para todos. Hay muchas personas que no pueden dedicar todo al día al trabajo y prefieren una jornada parcial. Lo que hay que tener es la voluntad de hacerlo en otras áreas de la empresa. Por otra parte, negocios como la hotelería y establecimientos de venta al detalle necesitan la presencia de trabajadores en horas puntuales a lo largo del día y la semana. Esto les obliga a tener gran parte de su fuerza laboral a tiempo parcial para poder dar el servicio que es fundamental para la organización de forma rentable. Así pues, el mundo sindical tiene urgente necesidad de actualizarse. El 34.5 % de los 19.2 millones de contratos que se firmaron entre enero y noviembre del año 2018 han sido a tiempo parcial, un fiel reflejo de la flexibilidad que necesita la estructura del sector productivo en España. Como publicó el diario Expansión, el grupo Prefabricats Pujol situado en Mollerussa, Lérida, encontró una solución creativa al problema de exceso de oferta de empleo de la zona para el desarrollo de sus actividades de productos agrícolas y de prefabricados de hormigón. Atrajo trabajadores inmigrantes para vivir en la zona, gracias a que la empresa empezó a contratar también a sus mujeres, esposas y madres, a media jornada en las nuevas plantas a medida que las abrían. Se aseguró así una mano de obra estable y satisfecha en la década de los noventa. En el año 2019 contaba con unos activos registrados por valor de 68 919 643 € y ventas de 71 446 796 €.

El sector servicios representó en 2008 el 67.2 % del PIB y aportó un 75.6 % del empleo, según apunta Miguel Cardoso, economista del BBVA. España es eminentemente estacional, lo que obliga al mundo corporativo a adaptar sus costes de estructura (incluyendo, claro, los contratos de todo tipo para cubrir las competencias necesarias) para contratar talento en los meses y épocas de mayor afluencia de sus públicos. Obligar a estas empresas a convertir en indefinidos todos los puestos necesarios cuando están a pleno rendimiento es condenar al fracaso a los empresarios del sector más importante de la economía española.

El sector turístico es especialmente vulnerable en el caso de la pandemia, por la falta de movilidad de visitantes de otros países, además de los nacionales. Los hoteles tienen que entender que no están en el negocio del turismo, sino en el de albergar a personas que necesitan espacios donde estar o vivir parte del tiempo o todo el tiempo. Por lo tanto, pueden reconducir sus ofertas para ofrecer alojamiento a los 4.8 millones de personas que viven solas y quieren hacerlo en compañía; a centros de educación que necesitan más espacio para estudiantes; a centros de trabajo compartido, de los que ya hay 400, una cifra que crece de forma exponencial; a la sanidad, con necesidad de camas; a profesionales que trabajan a distancia...

Por ejemplo, el hotel Los Olivos Beach Resort (Adeje, Tenerife) es un complejo hotelero que promueve largas estancias en sus establecimientos para trabajar a distancia desde Canarias. Esta nueva modalidad de *coworking* pone en marcha un paquete de descuentos para trabajadores a distancia con el claro objetivo de convertir a sus clientes en residentes estables.

Según publica *La Actualidad*, las tendencias de nuevas y diversas modalidades de trabajo se producen en respuesta a múltiples factores: la necesidad de una mayor flexibilidad y libertad en las decisiones relacionadas con la oficina, la creciente proporción de trabajadores *millennials* y la necesidad de trabajar en equipo para competir y sobrevivir en un mercado que todavía está en fase inicial. En este sentido, los hoteles podrían diversificar el uso de sus instalaciones.

Trabajo en red

El auge de las empresas que usan un modelo de red para sus comerciales capitaliza el valor que las personas dan a su tiempo. Es un principio basado en ofrecer la oportunidad a las personas de crear «sus propios negocios dentro de la empresa», para llegar a convertirse en emprendedores o en empresarios y empresarias si hacen crecer las redes comerciales que crean. Hay ejemplos muy diversos de gestión de redes comerciales.

Amway es la empresa de marketing directo más grande del mundo, creada en 1959 en Estados Unidos por Jay Van Andel y Richard DeVos para vender una gama de productos fabricada por la entidad, así como productos de grandes marcas con las que llega a una alianza para que sus distribuidores los puedan ofrecer dentro de su catálogo. En 2018, Amway Corporation anunció ventas de 8800 millones de dólares, con 3 millones de distribuidores independientes, que tienen a su vez sus propias redes de venta.

En 1896, McConnell construyó un pequeño laboratorio en Suffern, Nueva York, lo que más tarde se convertiría en el Avon Suffern de Investigación y Desarrollo. Así nació Avon Products. McConnell reclutó mujeres como agentes para presentar sus productos cosméticos a amigas y conocidas. Actualmente, Avon cuenta con 40 millones de representantes y opera en 139 países. Sus ventas ascienden a los 5700 millones de dólares y es líder mundial en venta directa de productos de belleza. Es reconocida su contribución a la financiación de la investigación para la cura del cáncer de mama.

En 1938, Earl Silas Tupper montó una empresa de elaboración de plásticos: Tupperware Plastics Company. La venta de sus productos se hacía por canales tradicionales hasta que, en 1958, Brownie Wise le convenció para cambiar a un *party plan* o venta en reuniones como sistema de marketing directo para sus productos. Así fundó Dart Industries, fabricante y comercializadora de los productos Tupperware, una red que en 2018 tenía 3.1 millones de distribuidores en el mundo, y declaró unas ventas de 2070 millones de dólares en 2018. Esta es la declaración corporativa de Tupperware: «Defendemos la diversidad de nuestros trabajadores y el crecimiento de oportunidades para nuestra fuerza de ventas alrededor del mundo. Nuestra estrategia de negocio e inversión social están orientadas a instruir, educar y fortalecer a mujeres y jóvenes, a desarrollar generación de confianza, mujeres de éxito que tengan un papel clave en la sociedad a la que pertenecen. Proporcionamos las herramientas a nuestra fuerza de ventas, de 3.1 millones de personas en todo el mundo, para que puedan aportar soluciones sostenibles que ayuden a mejorar su calidad de vida, la de sus familias y su comunidad».

Las empresas de marketing directo han ofrecido la oportunidad a millones de mujeres desde los años sesenta para desarrollar una carrera profesional cuando pocas tenían formación profesional alguna. Su obsesión y objetivo era poder pagar estudios universitarios a hijos e hijas. Así comenzó el empoderamiento de la mujer hasta que en 1995 ya había más mujeres que hombres universitarios en la Unión Europea. Otras empresas que operan en redes e incorporan a hombres en sus canales de comercialización son: Stanhome, productos de cuidado del hogar; ACN, telecomunicaciones, sistemas de seguridad, cuidado personal y bienestar; AKEO, bienestar y tecnología; Captain Tortue, ropa femenina; Christian Lay, joyería, bisutería, complementos y cosmética; Mary Kay, belleza y cuidado personal; One Telecom, asesores en telecomunicaciones y Thermomix, cocina.

La clave del éxito de estas empresas está en su estructura de compensación de la red de ventas, que puede llegar al 65 % del precio de venta al público. Sin embargo, es importante mencionar que las empresas piramidales no son reconocidas como empresas de marketing directo, son un fraude. La pirámide suele terminar por quiebra cuando los miembros de la red no pueden seguir vendiendo el derecho a formar parte de la organización a más personas.

Quienes buscan trabajo y actúan como emprendedores en marketing directo deben estar atentos y unirse a una empresa con experiencia reconocida como tal y no en empresas piramidales.

21. EMPODERANDO LA DIFERENCIA: LA DIVERSIDAD COMO GENERADOR DE EFICACIA Y DE INNOVACIÓN

En toda empresa, quienes trabajan en ella tienen necesidades concretas que se deben atender para lograr la mayor eficacia posible. Y estas necesidades son tan diversas como lo son las personas que forman la fuerza laboral de la organización. Por lo tanto, hay que buscar las necesidades comunes de la mayoría de sus gentes y crear un entorno inclusivo que permita a todo el colectivo rendir con máxima eficacia. Conocer la proyección profesional de la plantilla es una información valiosísima para la dirección de recursos humanos de la empresa, que podrá trazar un plan de carrera para retener aquellos talentos que aspiran a promocionar en la empresa.

Nuria Chinchilla, desde su cátedra Carmina Roca y Rafael Pich-Aguilera de Mujer y Liderazgo en el IESE, muy consciente del valor único que ofrecen las mujeres y de las barreras que obstaculizan su camino hacia puestos de liderazgo, afirma trabajar para «romper los techos de cristal». Los cursos Mujeres en Consejos en formato presencial y *online* tienen tal impacto transformador que su NPS (*net promoter score*), es decir, su valoración, es de 95. A través del Índice I-WIL (IESE Women in Leadership), que coloca los 34 países de la OCDE en orden de relevancia para el liderazgo femenino, se ha pasado de un 2 % de los sillones ocupados por mujeres en los consejos del IBEX al 32 % actual.

Un mecanismo para conocer los proyectos profesionales y sociales de las personas es establecer centros para la recogida de ideas, sugerencias, inquietudes de todos los miembros de la plantilla, ya que funciona como fuente de innovación al tiempo que evita conflictos y fugas. Sentirse parte de proyectos que la empresa en su conjunto realiza en favor de sectores menos favorecidos de la población da un alto grado de satisfacción a la población laboral.

ProvitalGroup es una empresa química afianzada en Barberá del Vallés (Barcelona), con filiales en Francia, Polonia, Brasil, México, Estados Unidos y China, que sirve esencialmente a la industria cosmética mundial. Patrocina la asociación sin *ánimo* de lucro Artistas Diversos, que fomenta la inclusión social y profesional de artistas con discapacidad. Cada dos años, organiza un concurso de arte que premia obras de artistas inspiradas en belleza y naturaleza, y todos los trabajadores votan para seleccionar 25 finalistas, haciendo suyo el proyecto. En 2018, se recibieron 199 obras de 165 artistas, y la selección llevó tres semanas durante las cuales personas de diferentes áreas pudieron conocerse e intercambiar sus preferencias por este arte inclusivo. La obras premiadas pasan a decorar las oficinas de la empresa tratando de complacer la solicitud de quienes desean tener obras concretas cerca de sus despachos. La entrega de premios coincide con la inauguración de una exposición de las 25 obras finalistas, acto que se celebra en el Ayuntamiento de Barber*á* del Vall*é*s. Acuden personalidades de la localidad, así como delegados de asociaciones cívicas y residentes en general. Durante las dos semanas de la exposición, se imparten talleres para niños y niñas de todas las escuelas municipales para sensibilizarlos y enseñarles que la discapacidad no discapacita para todo. La empresa mide y valora su éxito en la calidad de la comunicación interpersonal entre empleados y empleadas, y en que su fuerza laboral se siente orgullosa e identificada con esta obra corporativa. La empresa sabe que es un programa del que su plantilla se siente orgullosa y espera que se potencie cada vez más.

Implantar proyectos que apoyen el desarrollo profesional de toda la fuerza laboral no solo favorece el desempeño en la organización, sino que repercute en sus resultados. Aspectos como formación continua, intercambios entre las diferentes áreas de la empresa a nivel nacional e internacional, tutorías y *mentoring* suponen un apoyo que eleva la inteligencia de toda la organización para convertirla en un entorno de oportunidades, seguro, libre de discriminación, un entorno inclusivo donde todos los empleados se sienten valorados por las diferencias que aportan a la organización.

El 22 % de las empresas en España afirman que el clima laboral es de compañerismo en el lugar de trabajo, mientras que el 30 % lo atribuye a los mecanismos existentes en la organización para mediar en momentos de conflictos derivados esencialmente de diferencias culturales (nivel de educación, competencias, habilidades, idiomas) y de perfiles demográficos (género, discapacidad, edad, nacionalidad de origen, etnia y otros) de los componentes de la plantilla.

Se busca lograr un entorno donde sea posible realizar las funciones con la mayor eficacia gracias a las herramientas más actualizadas, un entorno que premie la confianza y respeto del resto de compañeros de trabajo, que saben que pueden depender unos de otros para formar un equipo excelente, un entorno que respete los tiempos de la persona y que al mismo tiempo premie sus resultados; acciones que den vida a empleados y empleadas y enriquezcan su lugar de trabajo. Estos programas incluyen elementos de tiempo flexible, trabajo a distancia, grupos de interés, innovación y creatividad, redes de recursos, sensibilización, formación especializada, formación en interculturalidad y nuevas competencias, plan de carrera, *mentoring* transgeneracional, *coaching*, valoración por resultados, programas intraemprendedores, programas de prejubilación y jubilación, movilidad interna, movilidad internacional, participación en proyectos de responsabilidad social, congresos y participación en beneficios, entre otros.

Desde el punto de vista social, es un hecho que las personas se llevan a casa los problemas que tienen en la empresa y que llevan a la empresa sus problemas personales. Esperar que una persona esté físicamente en el despacho cuando tiene tres temas personales que resolver y está haciendo malabarismos mentales para ver cómo lo consigue al tiempo que está presente para cumplir con sus horarios corporativos no es sensato. Si no se cuadra la agenda personal con la profesional, no se estará al 100 % en la empresa, a pesar de una presencia física evidente.

Todo gira en torno a la gestión de tiempos, la armonía de tareas profesionales y saber delegar. Hay empresas que ofrecen servicios de conciliación a organizaciones para que estas remitan el conjunto de servicios a los trabajadores que lo soliciten como parte de un paquete. La organización contrata una empresa de servicios de conciliación para ofrecer este apoyo a empleados que los quieran utilizar y quienes lo soliciten abonan los servicios al término. De esta forma, la persona cuenta con apoyo completo en un único proveedor, lo que facilita la gestión de la atención al hogar y la familia.

Irene Bustamante, presidenta de Healthy Company y Search Inc., apunta que «si el empleado se encuentra bien, no solo la calidad de su trabajo estará bien, sino también su familia y todo el resto de los entornos que conforman su vida». La guía America's Best Employers publica el *ranking* elaborado por Glassdoor de las empresas en Estados Unidos que son excelentes ofreciendo soporte a su plantilla como factor estratégico.

En la década de los noventa, el Instituto Europeo de Capital Social (IECS) del Gobierno de Alemania creó la certificación Work&Life Balance para sentar los estándares de apoyo de empresas que ofrecen servicios de conciliación en Alemania, un elemento básico para poder asegurar buena calidad de vida a la población activa.

En España, algunas de las 32 principales organizaciones que dan servicios de conciliación son: la Corte Internacional Conciliación Y Arbit en Guipúzcoa, el Centro de Conciliación, Mediación y Arbitraje en Valencia y Nuria Chinchilla Consultores Asociados en Barcelona, entre otras. Estas entidades ofrecen programas de apoyo a la familia sobre cuidado a hijos, a mayores y otros dependientes, servicios de conserjería (reparaciones, *catering*, compras, lavandería...), apoyo en materia de movilidad (vivienda, formación cultural, escuelas, idioma...), asesoría legal y fiscal, programas prejubilación, seguros, bonos comida, viajes y becas de estudios.

Una de las ventajas del trabajo a distancia es que reduce la necesidad de servicios de apoyo a la conciliación: tanto hombres como mujeres podrán hacerse cargo de gran parte de las actividades que ahora se ven obligados a contratar. También cambiará la forma de comprar y de consumir en el hogar, lo que obligará a una transformación total de las empresas de servicios a las familias y forzará un cambio radical en el mundo empresarial, influyendo a su vez en la creación y destrucción de oportunidades de negocio y de empleo, eje de la nueva economía circular.

22. INCLUSIÓN: EL COSTE DE LA DISCRIMINACIÓN

Las paredes no son los límites de una empresa. Esta empieza en sus proveedores de materias primas y servicios y termina cuando sus clientes han consumido sus productos o servicios. Las actividades críticas tienen lugar fuera de las mismas, en los entornos externos locales y globales. Por lo tanto, es igualmente crítico saber incluir estos públicos y agentes externos como parte del negocio, porque sus desarrollos influyen en la calidad y diferenciación de sus productos. Del mismo modo, se debe fomentar el sentido de pertenencia de los clientes, que determinan el éxito y la sostenibilidad de la misma. En resumen, un macroobjetivo es el de fomentar el sentido de pertenencia de clientes, proveedores, administraciones, agentes sociales y económicos en general.

Sin embargo, solo el 15 % de las empresas españolas asumen que considerar a proveedores y agentes externos como socios de la organización es muy importante para la empresa. Incluso hay un 10 % que considera perjudicial interactuar y colaborar entre empleados y empleadas y agentes externos, pensando que no proporciona beneficios.

En lo que a inclusión de clientes respecta, sus perfiles constituyen el gran reto que tienen las empresas hoy y hacia el futuro. Pensar y actuar global/local (*glocal*) es un comportamiento imprescindible para garantizar la sostenibilidad de las empresas.

Analizar constantemente el perfil, cada vez más diverso, de los usuarios y anticiparse a sus nuevas y cambiantes necesidades es lo que garantiza la continuidad de la organización. Aun cuando la empresa sea local, con seguridad tendrá la posibilidad de clientes y proveedores globales, ya sea por su presencia física, ya sea por su comunicación virtual. La velocidad de los cambios crea nuevos clústeres de consumidores que anteriormente no hubiesen usado los productos de la empresa. La capacidad de detectar comunidades de nuevos clientes forma la base de la sostenibilidad del negocio. Un escenario sistémico está en continua evolución, junto con las transformaciones de agentes del entorno que no dejan espacio para esperar que otro lo llene. Los agentes, las empresas, deben anticiparse y detectar estas necesidades para rediseñar su negocio y así cubrir las emergentes y diversas necesidades del mercado.

Para ello, es imprescindible que el perfil de la fuerza laboral refleje el de los clientes, lo que no quiere decir que en la empresa deba haber una proporción estadística de personas de determinadas nacionalidades, religiones, edades... La fuerza laboral debe tener la capacidad de identificarse con múltiples culturas y perfiles para poder interactuar eficazmente con los cambiantes públicos externos de la organización.

En Alemania, Deutsche Bank realizó un análisis demográfico de la curva de edad de su plantilla con referencia a la edad de sus clientes y analizó la distribución de los depósitos bancarios y la cartera de inversiones de sus clientes de acuerdo con su edad. El resultado fue que el 70 % del pasivo del banco era de clientes mayores de 65 años, en cuya franja de edad no tenían ni un empleado. Se tomó conciencia del coste en pérdida de negocio que representaba la desconexión de las necesidades, prioridades y toma de decisión de los clientes por su edad, con relación a la actitud y asesoramiento de los empleados que les atendían; todos eran más jóvenes y con otras prioridades en la venta de servicios financieros. Inmediatamente, el banco creó programas para atraer a antiguos empleados con capacidad y conocimiento para asesorar a clientes sénior como consultores puntuales en reuniones con estos clientes. No se puede proponer una inversión en según qué producto financiero a largo plazo, cuando el «largo» de una persona de 70 años es mañana, ¡no a los 5 años!

En cuanto a la inclusión de proveedores, Supplier Diversity fue la organización pionera en impulsar la extensión de las políticas de inclusión de la empresa a sus proveedores, y así asegurar la eficacia del proceso empresarial. Esta política es una rica fuente de recursos. Los proveedores son pioneros en conocer nuevas materias primas, tecnologías, colores y diseño, aquello que emerge como tendencia y que ayuda a la empresa a no caer en la discontinuidad.

Algunos factores importantes son:

- Información: puede contribuir a la introducción de nuevas materias, sistemas de entrega y distribución que se convierten en factores clave para la innovación de la empresa y para mantener jóvenes sus productos y servicios en entornos cambiantes.
- Competencia: conocer la existencia de competidores emergentes.
- Eficacia: crear partenariado con proveedores.
- Logística: racionalizar sistemas relativos a la disponibilidad de *stock*.
- Condiciones financieras: construir estrategias financieras basadas en la confianza y acuerdos que beneficien a ambas organizaciones.

Algunas empresas que se sumaron a este proyecto desde su inicio son Accenture, Corporate Express, Merrill Lynch, Adecco, Credit Lyonnaise, Pfizer, Hewlett-Packard, Williams Lea, Citigroup, IBM Cisco Systems, Deutsche Bank, Crédit Suisse, Cristal Mayer, Goldman Sachs y Squibb, entre otras.

Aunque el 20 % de las empresas en España fomentan que sus trabajadores busquen y extraigan información del entorno que sea relevante para su empresa, sigue habiendo un 33 % que no aprovechan el valor de la inclusión de los agentes externos para generar información que beneficie la mejora de procesos y sistemas. La razón que esgrimen es que esta gestión está reservada para los responsables de la gerencia de la empresa. Es preciso que las organizaciones valoren el coste de no incluir en su negocio a sus «socios» desde la base de su relación cotidiana, ya que la interacción cultural puede salvar pedidos, entregas, costes y beneficios considerables.

El grupo de accionistas hace posible la existencia misma de la empresa, así como la financiación para su crecimiento. Están ahí no solo para facilitar su lanzamiento, sino para facilitar los recursos financieros cuando hacen falta: proyectos de ampliación, inversión en tecnología y cualquier contingencia. Es un factor positivo mantener a los accionistas informados de las políticas de inclusión de la diversidad de todos los públicos de la entidad, no solamente en las juntas de accionistas, sino también a través de los canales de comunicación establecidos de los proyectos y noticias sobre las actividades de la empresa y que deben ser dignos del reconocimiento público; este comportamiento incrementa considerablemente el valor de la empresa.

Es vital crear alianzas con las administraciones locales, no solo en lo que refiere a las actividades económicas, sino también a la creación de puestos de trabajo y la contribución que eleva la calidad de vida de los residentes. Con frecuencia, las empresas patrocinan a nivel local guarderías, programas deportivos, soporte tecnológico y actividades de responsabilidad social dirigida a los sectores más desprotegidos. Hay que recordar que los usuarios compran la marca y la empresa, no solo el producto, y se identifican con aquellas empresas, da igual su tamaño, que favorecen activamente a la sociedad. Las administraciones deben apoyar aquellas actividades empresariales que no solo crean empleo, sino que contribuyen a crear un entorno social inclusivo.

Una empresa vinícola de Cataluña adquirió el compromiso de asegurar un posicionamiento laboral a todas las personas con discapacidad en el territorio (política que lleva con confidencialidad). Esta política social ha dado resultados económicos significativos. La empresa no sufre huelgas, por ejemplo. La población de trabajadores inmigrantes en momentos de punta de trabajo no representa problema alguno para la población local y, así, toda la plantilla fija de la empresa, al igual que la población local, tiene un alto sentido de inclusión, respeto y pertenencia hacia la empresa y su marca.

Dos de cada tres empresas en Estados Unidos ofrecen programas de cuidado infantil a sus trabajadores, porque confiesan que es un gran atractivo para el reclutamiento. El 7 % lo hacen desde la propia empresa, según Society for Human Resource Management de National Studies of Employers en 2016. Empresas como Cisco y Patagonia lideran esta lista. The Home Depot, con sede en Atlanta y 7000 trabajadores, incluso ofrece servicio de cuidado de hijos de más de 6 años a candidatos que asisten a una entrevista de reclutamiento en alianza con los ayuntamientos locales.

El Ayuntamiento de Liverpool tiene seis parvularios y centros de cuidado infantil en colaboración con las empresas de su entorno para favorecer un apoyo de alta calidad para niños y familias. Es una política que contribuye a la empleabilidad de trabajadores locales. Por su parte, el Ayuntamiento de Vancouver anunció el 4 de julio de 2019 que ya tenía 2300 plazas cubiertas en los centros de cuidado infantil que pone en marcha en alianza con asociaciones públicas y privadas, así como con empresas de la ciudad, facilitando la financiación del proyecto. Así, contribuye a la calidad de vida y a la lealtad de los residentes, así de los agentes corporativos.

23. MEDIR Y EVALUAR: LO QUE NO SE MIDE NO SE HACE

«Lo que no se puede medir, no se hace». Este es el sabio principio corporativo que rige los programas de inclusión de diversidad de Shell. Es una sabia afirmación que todos en la empresa comprenden y comparten y, por tanto, la aplicación de este principio garantiza la eficacia financiera y social con la que se implementan los proyectos en todos los ámbitos de la empresa.

Al marcar políticas corporativas, se fijan los indicadores por los que sus resultados se van a medir y evaluar para hacer avanzar la empresa hacia una posición de liderazgo presente y en el futuro. Por lo tanto, medir los resultados de cada programa relacionado con la diversidad es mandatorio. Medir y evaluar es una práctica estratégica. Define aquellas acciones que contribuyen más a la cuenta de resultados y, por consiguiente, al criterio de toma de decisión para asignar los recursos de la organización de forma eficiente, los recursos humanos y financieros que se asignan a aquellos programas y proyectos que más rentabilidad tienen y de mayor impacto para la organización. La diversidad de género es un caso de negocio para las empresas que saben incluir y optimizar este recurso.

En el ejercicio 2019, se llevó a cabo un amplio análisis estadístico basado en los movimientos históricos del personal (contrataciones, ascensos, bajas) para valorar cómo alcanzar el equilibrio de género en los niveles de alta dirección en un medio plazo. Las conclusiones han puesto el foco en la contratación y la promoción de mujeres. Se ha ido avanzando, a nivel mundial, avanzando del 11 % en 2004 al 22 % en 2020. La diversidad de género ha sido siempre una prioridad, y el 50 % de la plantilla global de PwC está ya compuesta por mujeres.

El informe Costs and Benefits of Diversity, publicado por el CSES por encargo de la Unión Europea, es un documento de referencia que monitoriza la implantación de políticas de D&I como caso de negocio o *business case*, no solamente como estrategia socialmente correcta de gestión. Estas políticas mejoran la gestión global, porque sus personas tienen la capacidad de potenciar la interculturalidad y de manejar las cambiantes necesidades de proveedores y clientes; evitan los costes de licitación ante la legislación vigente sobre antidiscriminación, multas que en muchos casos tienen un alto coste; garantizan el liderazgo al participar de forma anticipada en nuevos segmentos de mercados para sus productos y servicios; reducen los niveles de absentismo y de rotación; incrementan la capacidad de innovación y de creatividad de sus personas; ayudan a atraer profesionales con altos niveles de competencias y desempeño, y promueven la reputación de la organización, la fidelización de clientes, al mismo tiempo que refuerzan los valores culturales de la misma.

Para establecer estrategias cuyo objetivo es evaluar y medir los resultados de los programas de inclusión de la diversidad hay que tener en cuenta que existen indicadores tangibles e intangibles que se deben emplear. Los indicadores tangibles miden los resultados de cada programa: encuestas a empleados, indicadores de costes y beneficios, informes de resultados por área, base de datos de Recursos Humanos, análisis del mercado, resultados contables, cuadro de mandos y medición de eficacia, entre otros. Los indicadores intangibles recogen la actitud de empleados, clientes y proveedores. Generalmente se hacen periódicamente para monitorizar los cambios en comportamientos y actitudes de las poblaciones que forman el global de la entidad. El objetivo último de toda estrategia empresarial es dominar los parámetros que llevan a alcanzar altos retornos sobre la inversión, ya sean grandes empresas o pymes. Porque medir impulsa las estrategias con valor.

Son varios los criterios que rigen el tipo de medición que realiza la empresa con respecto a sus acciones y políticas de diversidad. Los tomadores de decisión tienen así información muy precisa para decidir en qué proyectos invertir más recursos, con mayor probabilidad de éxito y rentabilidad. La asignación de recursos financieros y tecnológicos; el comportamiento de sus recursos humanos; la inversión en programas y políticas internas y externas, así como la planificación estratégica de futuro, son áreas del proceso corporativo que se ven directamente condicionadas por la aportación a la cuenta de resultados de cada proyecto.

El estudio realizado por el IEGD revela que el 83 % de las empresas en Europa y Estados Unidos miden los beneficios que las políticas de diversidad y conciliación representan para los resultados de la empresa, mientras que solo un 36 % de entidades los miden en el Estado español. El resultado de la empresa no depende exclusivamente de la incorporación de nuevas tecnologías o una óptima gestión financiera, sino sobre todo de sus personas, como recurso prioritario para alcanzar resultados.

La clave para generar creatividad y eficacia en los equipos está en su capacidad para transmitir y compartir conocimientos, información y experiencias, y especialmente en su capacidad para formar equipos diversos. Se dice que la creatividad es el arte de hacer posibles los sueños. En esta actividad en equipos, hay personas generando tecnología, productos, sistemas, artículos y cosas que no existían anteriormente; sacándolas al mundo para mejorar la calidad de vida, del trabajo, de la producción y del entorno en general y cambiando así los niveles de competitividad de las empresas y los hábitos de vida de las personas.

El 58 % de las empresas pagan un alto precio en pérdida de productividad por no potenciar el intercambio de información y experiencias entre las personas de las diferentes áreas de la organización. Este factor se mide para evaluar los resultados de las políticas y programas que se realizan en las empresas para optimizar la diversidad de sus personas y asegurar su contribución a la cuenta de resultados. Sin embargo, diversos estudios prueban el bajo índice de sensibilización que el mundo empresarial tiene hacia la diversidad como factor que genera costes y beneficios a las organizaciones.

El 83 % de las empresas que operan en España usan dos indicadores para medir el ROI; el 67 % usan cuatro o más indicadores; el 50 % usan más de tres metodologías; el 33 % usan cuatro o más sistemas para medir los resultados de sus programas y políticas de diversidad, inclusión y conciliación. Mientras que el 83 % de empresas internacionales miden el índice de satisfacción de la plantilla, solo el 50 % de las empresas españolas lo hacen, pues miden más la rotación y satisfacción de clientes. El ROI es de uso constante en empresas internacionales.

Sin embargo, existe una amplia gama de sistemas de medición para su uso en las organizaciones que quieren medir el impacto de sus acciones de D&I, tales como:

- Encuestas a los empleados: para conocer el nivel de satisfacción de las personas, lo que condiciona su contribución a la eficacia de la organización.
- Indicadores de costes y beneficios: responden a los objetivos corporativos y evalúan el nivel de cumplimiento que la estrategia contribuye a alcanzar.
- Informes de situación que permiten evaluar periódicamente el grado de cumplimento de cada programa para poder corregirlo a tiempo.
- Bases de datos de los perfiles de Recursos Humanos que indican el nivel de cumplimento en el fomento de una fuerza laboral diversa inclusiva.
- Análisis prospectivos y análisis de tendencias que anticipan los cambios que tienen posibilidad de surgir y que afectarán a la gestión de la organización.
- Análisis e investigación del mercado, que detecta los nuevos perfiles tanto culturales como demográficos de nuevos consumidores, que van a condicionar las características innovadoras de productos y servicios que la organización tiene que desarrollar.
- Certificación que prueba el respeto a la igualdad de derechos de sus personas en cuanto a su compensación.

«No importa dónde esté situada tu empresa o en qué sector trabaje, tiene el poder de crear una diferencia real». La Fundación Equal Salary, fundada en 2010, es una organización que certifica la igualdad salarial entre hombres y mujeres. La certificación, desarrollada por Véronique Goy Veenhuys en colaboración con la Universidad de Ginebra y PwC, es un proceso en cuatro etapas: análisis de los salarios que no pueden tener una diferencia superior al 5 %, auditoría de la gestión igualitaria de las personas de la organización, certificación que se emite conforme la empresa opera con igualdad salarial y validez de la certificación, de 3 años. Esther Mut, socia de PwC, explica cómo la empresa ha contribuido a la implementación global de la certificación, que actualmente cuenta con 84 entidades acreditadas entre las que se encuentran: Cartier, UBS, Gruppo Credito Emiliano, Ferrari, Philip Morris International, Lyreco Switzerland, Romande Energie y Banque Cantonale du Valais.

El empleo del cuadro de mando integral como herramienta de gestión ya proporciona a la empresa la información sobre el comportamiento económico de cada proyecto. Se mide la eficacia de cada programa independientemente, para luego poder conocer la contribución global de la política de inclusión. El uso de indicadores es siempre una forma muy eficiente de medir y evaluar las acciones diseñadas e implementas por todas las personas de la organización.

Se trata de establecer claramente el objetivo corporativo al que el programa está diseñado a contribuir y así marcar los indicadores que medirán los resultados del proyecto y su contribución económica a la empresa. Si un objetivo corporativo fuese, por ejemplo, la racionalización continua de los costes de distribución, cualquier programa de inclusión relacionado con la distribución que se implemente medirá sus resultados a partir de la reducción lograda en esos costes. El mismo principio se aplicaría en caso de diseñar proyectos de inclusión para fidelizar clientes o si se aspira a mantener el liderazgo tecnológico, si se pretende aumentar la capacidad de innovación o la identificación precoz de nuevos perfiles de clientes.

Medir y evaluar con referencia a una situación anterior ofrece una situación exacta del resultado alcanzado con el proyecto. Los valores tangibles serían número de horas reducidas en el proceso de distribución, número de nuevos sectores de clientes captados, nuevas tecnologías desarrolladas..., y los valores intangibles serían nivel de satisfacción de nuevos clientes y capacitación de la fuerza laboral en el uso de las nuevas tecnologías incorporadas, entre otros.

Algunos ejemplos de costes y beneficios de casos ya citados ponen en evidencia su contribución a los objetivos corporativos y a los resultados de la organización.

Empresa vinícola

- Objetivo corporativo. Una empresa vinícola de España se planteó como objetivo eliminar los costes de conflictos creados por la contratación temporal de inmigrantes en tiempos puntuales de cosecha.
- Estrategia. Se propuso desarrollar una acción social imprescindible para la calidad de vida de los habitantes de la comarca. Se organizó apoyo y trabajo a todas las personas con discapacidad de la comarca. De hecho, teniendo en cuenta que gran parte del trabajo de la comarca lo crea esta empresa, los empleados son en su mayoría familiares o conocidos de personas con discapacidad de la zona.
- Resultado social. Eliminación de conflictos laborales. Reducción del absentismo y escasa rotación de la fuerza laboral fija. Gran agradecimiento colectivo y sentido de pertenencia a la corporación.
- Resultado económico. Se calcula el coste del diseño del proyecto y el coste de la infraestructura para el cuidado y empleo de la comunidad de personas con discapacidad.
- Resultado de beneficios. El proyecto ha eliminado las huelgas que ocasionaban la discriminación a trabajadores inmigrantes y, por lo tanto, sus costes económicos y sociales. También ha ganado el agradecimiento y reconocimiento de la población de la zona.

Xerox Corporation

- Objetivo corporativo. En 2000, Richard Thoman, el entonces CEO de la empresa, presentó el objetivo del proyecto para incrementar la eficacia del servicio al cliente.
- Estrategia. Establecer una red de 3000 trabajadores voluntarios en grupos de trabajo a distancia. Se monta una estación de trabajo en el domicilio de cada persona y se designa un coordinador por grupo. Es esencial formar al líder del grupo y a los miembros del proyecto en la inclusión y la comunicación.

- Resultados sociales. Se alcanzó un 97 % de satisfacción de empleados, atrayendo talento. Se redujo el impacto medioambiental.
- Resultados económicos. Se triplicó el volumen de servicio a clientes. Se eliminó el absentismo y la rotación.

Deutsche Bank

- Objetivo corporativo. Incrementar el número de clientes.
- Estrategia. Se publicó la disponibilidad de empleados y empleadas del grupo LGTBI para atender personalmente a clientes que solicitasen los servicios del banco.
- Resultados sociales. Claro mensaje de inclusión de la diversidad. Amplia captación de clientes. Respeto interno a las diferencias.
- Resultados económicos. Aumento espectacular de depósitos.

La fuerza laboral no se mide por su número y menos aún por su presencia en locales de las empresas e instituciones. Se mide por el valor de su contribución a los resultados de la organización, por una parte, y por el coste que tiene una persona para la organización por otra parte.

Es imprescindible que la organización identifique los indicadores adecuados para medir ambos factores de acuerdo con su sistema contable y financiero, así como la información que guarda del comportamiento de cada miembro de la fuerza laboral para tener actualizado su perfil personal y profesional, relativo a su comportamiento en los diferentes programas inclusivos de la empresa. El coste y valor de los trabajadores es un factor determinante para tener en cuenta en momentos de remuneración, promoción, rotación y despidos.

El coste debe incluir no solo cargas salariales, incentivos, fiscales en formación..., sino también la infraestructura, entre otros, como el valor de la plantilla para determinar su capacidad de generar oportunidades de negocio, por su comportamiento inclusivo de la diversidad hacia el resto de las personas de la empresa. Es esencial valorar su comportamiento para reducir conflictos internos y externos, así como su capacidad para fomentar la innovación en la entidad.

Crear un modelo que refleje el valor neto de cada empleado y empleada es de gran utilidad en ocasiones de promoción, de asignación de responsabilidades y, sobre todo, para conocer el valor de una fuerza laboral diversa que represente una herramienta muy útil para lograr una eficaz gestión corporativa en cada momento.

24. COSTES DE LA NO INCLUSIÓN: LA PÉRDIDA DE TALENTO IMPACTA LA CUENTA DE RESULTADOS

Las políticas de inclusión de la diversidad generan una transformación del comportamiento cultural de todos los miembros de la organización que beneficia a la entidad y a sus personas, en su actitud hacia las diferencias, el respeto a los perfiles diversos en el entorno laboral y en el entorno general. Incrementa la capacidad de asumir responsabilidad de los resultados de la organización y de participar con un profundo sentido de pertenencia a la entidad.

Los beneficios que generan a la corporación las políticas y programa de inclusión de la diversidad son múltiples:

- Empoderamiento de toda la fuerza laboral de la organización para la dinamización de creatividad, innovación y eficacia.
- Garantía de la creación de un clima laboral inclusivo que propicie la pertenencia a la empresa y elimine costes de absentismo, rotación, tiempos perdidos y desperdiciados.

- Eliminación o reducción de conflictos.
- Fomento de la gestión de los tiempos que permita la armonización de la vida profesional y personal de todos los miembros de la organización.
- Eliminación de costes de licitación por discriminación.
- Sostenibilidad de la organización hacia el futuro por mantener una fuerza laboral que refleje el perfil de sus públicos externos locales y globales.
- Sostenibilidad en los mercados en constante transformación.

Los costes de la no gestión de la inclusión de la diversidad son inadmisibles para una organización que quiera mantener una posición sostenible y de liderazgo en los entornos convulsos y cambiantes de este siglo. Nombremos algunos de los costes que para la empresa tiene la no gestión de la inclusión de la diversidad:

- Pérdida de captación de talento: los profesionales con talento solo escogen entornos en los que puedan aportar sus ideas e iniciativas para contribuir a la dinámica y sostenibilidad de la empresa.
- Productividad y eficacia: los casos y buenas prácticas que ilustran el libro prueban de forma rotunda que una fuerza laboral diversa inclusiva contribuye de forma definitiva a la productividad y eficacia de las organizaciones. Una fuerza laboral integrada que asume y respeta las diferencias de los demás potencia sus distintas aportaciones, así como sus responsabilidades profesionales en la cadena de valor, para operar con el máximo de eficacia.
- Captación y lealtad de clientes externos: perder este valor equivale a perder el valor del negocio. Solo cuando la fuerza laboral refleja el perfil de diversidad de sus agentes externos puede la organización responder y anticiparse a las necesidades cambiantes de sus públicos, ya sean clientes, proveedores, acciones o entidades de las administraciones. Los públicos externos de la organización hoy y en el futuro los forman personas de todo el mundo, que dan sentido a la actividad empresarial.
- Acceso a financiación: la necesidad de fondos es un recurso constante del que tiene que disponer la organización, financiando tecnología punta, investigación que lleve a la empresa a cotas de excelencia,

proyectos de expansión o de restructuración que garanticen la sostenibilidad de la organización, alianzas o absorciones de otras empresas cuya complementariedad puede multiplicar los beneficios corporativos... Las empresas necesitan tener la sostenibilidad que les da el fácil acceso a financiación. Estas fuentes deben formar parte integral de la empresa, no solo cuando hagan falta.

- Costes legales: la licitación siempre tiene un doble coste para la organización, el coste monetario y el coste intangible por pérdida de imagen. En el caso de licitación por temas de discriminación, las multas pueden llegar a ser millonarias y el coste en imagen, altísimo o irreparable. Desde 2011, la política de equidad y diversidad que estaba bajo la Dirección General V de Igualdad y Trabajo en la Comisión de la Unión Europea ha pasado a la Dirección General de Justicia, lo que convierte la gestión de la diversidad en un imperativo social, económico y legal en todo el espacio de la Unión Europea.

En 2011, la Comisión Nacional de Competencia (CNC) impuso multas por más de 51 millones de euros a siete empresas fabricantes de productos de peluquería profesional y a la Asociación Nacional de Perfumería y Cosmética (Stanpa) por instrumentar y mantener una política de discriminación hacia la comunidad de personas de raza negra en la Unión Europea. Las empresas sancionadas fueron L'Oréal España (23.2 millones de euros), Productos Cosméticos Wella (12 millones de euros), The Colomer Group Spain (8.7 millones de euros), Eugene Perma España (2.88 millones de euros), Cosmética Cosbar-Montibello (2.55 millones de euros), Lendan Cosmetics (1 millón de euros) y DSP Haircare Products (299 000 euros), a las que se sumó la patronal del sector (con 900 000 euros). L´Oréal, además de pagar la multa, lanzó una campaña a toda su plantilla de Europa con unos seminarios, «La Beauté de la Différence», para sensibilizar a toda la organización de la política corporativa de gestión de la diversidad que promulgaban su CEO y el consejo de administración. Esta campaña también alcanzó al público exterior de clientes, proveedores y administraciones públicas de los diferentes Estados miembros de la Unión Europea.

- Pérdida en imagen corporativa: todo error en el trato de las diferencias demográficas e interculturales de la empresa se convierte en pérdida de volumen de negocio, de clientes y de volumen de compra.

Lo mismo ocurre con proveedores, accionistas y administraciones. También, la pérdida en la capacidad de innovación y de reposicionamiento en los mercados, que es vital para sobrevivir en escenarios vulnerables y cambiantes. Cuesta mucho ganar y mantener la fidelidad de los públicos externos, pero, sin embargo, es fácil de perder, ya sea por un comportamiento discriminatorio de la plantilla o por alguna política de la empresa que va en contra del respeto a las diferencias y a la inclusión de la diversidad.

El 16 de noviembre de 2000, Coca-Cola prefirió pagar 192.5 millones de dólares a los más de 2000 empleados de raza negra de la compañía que interpusieron una demanda por prácticas discriminatorias antes de ir a juicio. Desde entonces, Coca-Cola tiene como objetivo que todas sus campañas publicitarias lancen mensajes inclusivos: *spots* y fotos de personas de todas las edades, etnias y culturas compartiendo el placer de beber Coca-Cola. Pero no siempre lo logra. En 2019, el Departamento de Protección al Consumidor del condado de Pest, en Hungría, le impuso una multa de 500 000 forintos (algo más de 1500 euros) por la campaña «Love is Love», que aunque trató de ser pro-LGTBI y muestra dos mujeres jóvenes cogidas de la mano despertó la ira de toda la comunidad homosexual del país.

La gestión de la diversidad, como se ha comprobado a lo largo de este libro, es una política corporativa y una estrategia que requiere de:

- Mecanismos que deben emplear todos los mandos de la organización con responsabilidad sobre resultados.
- Un sistema de medición y evolución eficaz que permita asignar recursos a aquellas acciones que más contribuyan a los resultados tangibles e intangibles de la empresa.

Herramientas de vigilancia y análisis de los escenarios futuros para las cuales la organización tiene que configurar el perfil de su fuerza laboral para colocarse con ventaja competitiva hacia los nuevos escenarios futuros. Es imprescindible recordar que el futuro empezó ayer.

Se gestiona la inclusión social de la diversidad no por ser una responsabilidad que la empresa tiene hacia la sociedad, sino porque la responsabilidad que tiene la empresa es la de crear, dirigir y sostener una actividad económica rentable que aporte productos o servicios a una población cada vez más mundializada y, por lo tanto, diversa, y así tener recursos financieros que le permitan remunerar a una fuerza laboral lo más diversa posible para garantizar su eficacia. La empresa no se monta para crear empleos; se monta para realizar la visión y misión de quienes tienen la capacidad de riesgo de invertir en un proyecto empresarial y crear alianzas con sus públicos externos, que incluyen proveedores y administraciones públicas a quienes paga impuestos y de quienes debería recibir trato preferente por la capacidad de emplear a residentes de sus respectivas zonas elevando su calidad de vida. Por otra parte, financiar proyectos de carácter social dirigidos a segmentos de la población menos favorecidas no es responsabilidad de la empresa, es responsabilidad de las administraciones públicas, a quienes la sociedad les paga mediante impuestos para ocuparse entre otras cosas de esas desigualdades. Las empresas acometen estos proyectos sociales para satisfacer y ganarse a sus públicos; para hacer una contribución a una población que cada vez es más desigual. El mestizaje es la etnia prevalente en el futuro, un valor añadido que aportan empresas que patrocinan proyectos de interés social que deben facilitarse y felicitarse.

La inclusión de la diversidad de las personas se gestiona porque es un caso de negocio y es vital para la sostenibilidad de las empresas que son parte de la economía circular que caracteriza el sistema socioeconómico actual. Se gestiona para adaptar sus estrategias a las realidades de los mercados mestizos y globales. Se gestiona para situar de forma sostenible a la entidad en escenarios futuros, eternamente cambiantes, vulnerables, inciertos, convulsos, ambiguos y diversos.

ANEXO

Declaración Universal de la Unesco sobre la Diversidad Cultural

2 de noviembre de 2001

La Conferencia General

Reafirmando su adhesión a la plena realización de los derechos humanos y de las libertades fundamentales proclamadas en la Declaración Universal de Derechos Humanos y en otros instrumentos jurídicos universalmente reconocidos, como los dos Pactos Internacionales de 1966 relativos uno, a los derechos civiles y políticos y el otro, a los derechos económicos, sociales y culturales,

Recordando que en el Preámbulo de la Constitución de la Unesco se afirma "que la amplia difusión de la cultura y la educación de la humanidad para la justicia, la libertad y la paz, son indispensables a la dignidad del hombre y constituyen un deber sagrado que todas las naciones han de cumplir con un espíritu de responsabilidad y de ayuda mutua".

Recordando también su Artículo primero, que asigna a la Unesco entre otros objetivos, el de recomendar "los acuerdos internacionales que estime convenientes para facilitar la libre circulación de las ideas por medio de la palabra y de la imagen".

Refiriéndose a las disposiciones relativas a la diversidad cultural y al ejercicio de los derechos culturales que figuran en los instrumentos internacionales promulgados por la Unesco (1).

Reafirmando que la cultura debe ser considerada el conjunto de los rasgos distintivos espirituales y materiales, intelectuales y afectivos que caracterizan a una sociedad o a un grupo social y que abarca, además de las artes y las letras, los modos de vida, las maneras de vivir juntos, los sistemas de valores, las tradiciones y las creencias (2).

Comprobando que la cultura se encuentra en el centro de los debates contemporáneos sobre la identidad, la cohesión social y el desarrollo de una economía fundada en el saber.

Afirmando que el respeto de la diversidad de las culturas, la tolerancia, el diálogo y la cooperación, en un clima de confianza y de entendimiento mutuos, son uno de los mejores garantes de la paz y la seguridad internacionales.

Aspirando a una mayor solidaridad fundada en el reconocimiento de la diversidad cultural, en la conciencia de la unidad del género humano y en el desarrollo de los intercambios interculturales.

Considerando que el proceso de mundialización, facilitado por la rápida evolución de las nuevas tecnologías de la información y la comunicación, pese a constituir un reto para la diversidad cultural crea las condiciones de un diálogo renovado entre las culturas y las civilizaciones.

Consciente del mandato específico que se ha conferido a la Unesco en el sistema de las Naciones Unidas, de asegurar la preservación y la promoción de la fecunda diversidad de las culturas.

Proclama los principios siguientes y aprueba la presente Declaración:

Identidad, diversidad y pluralismo

Artículo 1 – La diversidad cultural, patrimonio común de la humanidad

La cultura adquiere formas diversas a través del tiempo y del espacio. Esta diversidad se manifiesta en la originalidad y la pluralidad de las identidades que caracterizan a los grupos y las sociedades que componen la humanidad. Fuente de intercambios, de innovación y de creatividad, la diversidad cultural es tan necesaria para el género humano como la diversidad biológica para los organismos vivos. En este sentido, constituye el patrimonio común de la humanidad y debe ser reconocida y consolidada en beneficio de las generaciones presentes y futuras.

Artículo 2 – De la diversidad cultural al pluralismo cultural

En nuestras sociedades cada vez más diversificadas, resulta indispensable garantizar una interacción armoniosa y una voluntad de convivir de personas y grupos con identidades culturales a un tiempo plurales, variadas y dinámicas.

Las políticas que favorecen la integración y la participación de todos los ciudadanos garantizan la cohesión social, la vitalidad de la sociedad civil y la paz. Definido de esta manera, el pluralismo cultural constituye la respuesta política al hecho de la diversidad cultural. Inseparable de un contexto democrático, el pluralismo cultural es propicio para los intercambios culturales y el desarrollo de las capacidades creadoras que alimentan la vida pública.

Artículo 3 – La diversidad cultural, factor de desarrollo

La diversidad cultural amplía las posibilidades de elección que se brindan a todos; es una de las fuentes del desarrollo, entendido no solamente en términos de crecimiento económico, sino también como medio de acceso a una existencia intelectual, afectiva, moral y espiritual satisfactoria.

Diversidad cultural y derechos humanos

Artículo 4 – Los derechos humanos, garantes de la diversidad cultural

La defensa de la diversidad cultural es un imperativo ético, inseparable del respeto de la dignidad de la persona humana. Ella supone el compromiso de respetar los derechos humanos y las libertades fundamentales, en particular los derechos de las personas que pertenecen a minorías y los de los pueblos indígenas. Nadie puede invocar la diversidad cultural para vulnerar los derechos humanos garantizados por el derecho internacional, ni para limitar su alcance.

Artículo 5 – Los derechos culturales, marco propicio para la diversidad cultural

Los derechos culturales son parte integrante de los derechos humanos, que son universales, indisociables e interdependientes. El desarrollo de una diversidad creativa exige la plena realización de los derechos culturales, tal como los definen el Artículo 27 de la Declaración Universal de Derechos Humanos y los Artículos 13 y 15 del Pacto Internacional de Derechos Económicos, Sociales y Culturales. Toda persona debe tener la posibilidad de expresarse, crear y difundir sus obras en la lengua que desee y en particular en su lengua materna; toda persona tiene derecho a una educación y una formación de calidad que respeten plenamente su identidad cultural; toda persona debe tener la posibilidad de participar en la vida cultural que elija y conformarse a las prácticas de su propia cultura, dentro de los límites que impone el respeto de los derechos humanos y de las libertades fundamentales.

Artículo 6 – Hacia una diversidad cultural accesible a todos

Al tiempo que se garantiza la libre circulación de las ideas mediante la palabra y la imagen, hay que velar por que todas las culturas puedan expresarse y darse a conocer. La libertad de expresión, el pluralismo de los medios de comunicación, el plurilingüismo, la igualdad de acceso a las expresiones artísticas, al saber científico y tecnológico -comprendida su presentación en forma electrónica- y la posibilidad, para todas las culturas, de estar presentes en los medios de expresión y de difusión, son los garantes de la diversidad cultural.

Diversidad cultural y creatividad

Artículo 7 – El patrimonio cultural, fuente de la creatividad

Toda creación tiene sus orígenes en las tradiciones culturales, pero se desarrolla plenamente en contacto con otras culturas. Ésta es la razón por la cual el patrimonio, en todas sus formas, debe ser preservado, realzado y transmitido a las generaciones futuras como testimonio de la experiencia y de las aspiraciones humanas, a fin de nutrir la creatividad en toda su diversidad e inspirar un verdadero diálogo entre las culturas.

Artículo 8 – Los bienes y servicios culturales, mercancías distintas de las demás

Ante los cambios económicos y tecnológicos actuales, que abren vastas perspectivas para la creación y la innovación, se debe prestar particular atención a la diversidad de la oferta creativa, al justo reconocimiento de los derechos de los autores y de los artistas, así como al carácter específico de los bienes y servicios culturales que, por ser portadores de identidad, de valores y sentido, no deben ser considerados mercancías o bienes de consumo como los demás.

Artículo 9 – Las políticas culturales, catalizadoras de la creatividad.

Las políticas culturales, en tanto que garantizan la libre circulación de las ideas y las obras, deben crear condiciones propicias para la producción y difusión de bienes y servicios culturales diversificados, gracias a industrias culturales que dispongan de medios para desarrollarse en los planos local y mundial; al tiempo que respeta sus obligaciones internacionales, cada Estado debe definir su política cultural y aplicarla utilizando para ello los medios de acción que juzgue más adecuados, ya se trate de modalidades prácticas de apoyo o de marcos reglamentarios apropiados.

Diversidad cultural y solidaridad internacional

Artículo 10 – Reforzar las capacidades de creación y de difusión a escala mundial

Ante los desequilibrios que se producen actualmente en los flujos e intercambios de bienes culturales a escala mundial, es necesario reforzar la cooperación y la solidaridad internacionales para que todos los países, especialmente los países en desarrollo y los países en transición, puedan crear industrias culturales viables y competitivas en los planos nacional e internacional.

Artículo 11 – Forjar relaciones de colaboración entre el sector público, el sector privado y la sociedad civil

Las fuerzas del mercado por sí solas no pueden garantizar la preservación y promoción de la diversidad cultural, clave de un desarrollo humano sostenible. Desde este punto de vista, se debe reafirmar la preeminencia de las políticas públicas, en colaboración con el sector privado y la sociedad civil.

Artículo 12 – La función de la Unesco

Por su mandato y sus funciones compete a la Unesco:

a) Promover la integración de los principios enunciados en la presente Declaración, en las estrategias de desarrollo elaboradas en las diversas entidades intergubernamentales.
b) Constituir un punto de referencia y foro de concertación entre los Estados, los organismos internacionales gubernamentales y no gubernamentales, la sociedad civil y el sector privado para la elaboración conjunta de conceptos, objetivos y políticas en favor de la diversidad cultural.
c) Proseguir su acción normativa y su acción de sensibilización y fortalecimiento de capacidades en los ámbitos relacionados con la presente Declaración que correspondan a sus esferas de competencia.
d) Facilitar la aplicación del Plan de Acción cuyas orientaciones principales figuran a continuación de la presente Declaración.

Anexo II Orientaciones principales de un plan de acción para la aplicación de la Declaración Universal de la Unesco sobre la Diversidad Cultural

Los Estados Miembros se comprometen a tomar las medidas apropiadas para difundir ampliamente la Declaración Universal de la Unesco sobre Diversidad Cultural y fomentar su aplicación efectiva, cooperando en particular con miras a la realización de los siguientes objetivos:

1. Profundizar en el debate internacional sobre los problemas relativos a la diversidad cultural, especialmente los que se refieren a sus vínculos con el desarrollo y a su influencia en la formulación de políticas, a escala tanto nacional como internacional; profundizar particularmente en la reflexión sobre la conveniencia de elaborar un instrumento jurídico internacional sobre la diversidad cultural.

2. Progresar en la definición de los principios, normas y prácticas en los planos nacional e internacional, así como en los medios de sensibilización y las formas de cooperación más propicios para la salvaguardia y la promoción de la diversidad cultural.

3. Favorecer el intercambio de conocimientos y de las prácticas recomendables en materia de pluralismo cultural con miras a facilitar, en sociedades diversificadas, la integración y la participación de personas y grupos que procedan de horizontes culturales variados.

4. Avanzar en la comprensión y la clarificación del contenido de los derechos culturales, considerados parte integrante de los derechos humanos.

5. Salvaguardar el patrimonio lingüístico de la humanidad y apoyar la expresión, la creación y la difusión en el mayor número posible de lenguas.

6. Fomentar la diversidad lingüística -respetando la lengua materna- en todos los niveles de enseñanza, dondequiera que sea posible, y estimular el aprendizaje de varios idiomas desde la más temprana edad.

7. Alentar, a través de la educación, una toma de conciencia del valor positivo de la diversidad cultural y mejorar, a esos efectos, la formulación de los programas escolares y la formación de los docentes.

8. Incorporar al proceso educativo, tanto como sea necesario, métodos pedagógicos tradicionales, con el fin de preservar y optimizar

métodos culturalmente adecuados para la comunicación y la transmisión del saber.

9. Fomentar la "alfabetización digital" y acrecentar el dominio de las nuevas tecnologías de la información y de la comunicación, que deben considerarse al mismo tiempo disciplinas de enseñanza e instrumentos pedagógicos capaces de reforzar la eficacia de los servicios educativos.

10. Promover la diversidad lingüística en el ciberespacio y fomentar el acceso gratuito y universal, mediante las redes mundiales, a toda la información que pertenezca al dominio público.

11. Luchar contra las disparidades que se han dado en llamar "brecha digital" -en estrecha cooperación con los organismos competentes del sistema de las Naciones Unidas- favoreciendo el acceso de los países en desarrollo a las nuevas tecnologías, ayudándolos a dominar las tecnologías de la información y facilitando a la vez la difusión electrónica de los productos culturales endógenos y el acceso de dichos países a los recursos digitales de orden educativo, cultural y científico, disponibles a escala mundial.

12. Estimular la producción, la salvaguardia y la difusión de contenidos diversificados en los medios de comunicación y las redes mundiales de información y, con este fin, promover la función de los servicios públicos de radiodifusión y de televisión en la elaboración de producciones audiovisuales de calidad, favoreciendo en particular el establecimiento de mecanismos de cooperación que faciliten la difusión de las mismas.

13. Elaborar políticas y estrategias de preservación y realce del patrimonio natural y cultural, en particular del patrimonio oral e inmaterial, y combatir el tráfico ilícito de bienes y servicios culturales.

14. Respetar y proteger los sistemas de conocimiento tradicionales, especialmente los de los pueblos indígenas; reconocer la contribución de los conocimientos tradicionales, en particular por lo que respecta a la protección del medio ambiente y a la gestión de los recursos naturales, y favorecer las sinergias entre la ciencia moderna y los conocimientos locales.

15. Apoyar la movilidad de creadores, artistas, investigadores, científicos e intelectuales y el desarrollo de programas y actividades conjuntas de investigación, de carácter internacional, procurando al mismo tiempo preservar y aumentar la capacidad creativa de los países en desarrollo y en transición.

16. Garantizar la protección del derecho de autor y los derechos con él relacionados, con miras a fomentar el desarrollo de la creatividad contemporánea y una remuneración justa de la labor creativa, defendiendo al mismo tiempo el derecho público de acceso a la cultura, de conformidad con el Artículo 27 de la Declaración Universal de Derechos Humanos.

17. Contribuir a la creación o a la consolidación de industrias culturales en los países en desarrollo y los países en transición y, con este propósito, cooperar en el desarrollo de las infraestructuras y las competencias necesarias, apoyar la creación de mercados locales viables y facilitar el acceso de los bienes culturales de dichos países al mercado mundial y a los circuitos internacionales de distribución.

18. Fomentar políticas culturales que promuevan los principios consagrados en la presente Declaración, entre otras cosas mediante modalidades prácticas de apoyo y/o marcos reglamentarios apropiados, respetando las obligaciones internacionales de cada Estado.

(1) Entre los cuales figuran, en particular, el Acuerdo de Florencia de 1950 y su Protocolo de Nairobi de 1976, la Convención Universal sobre Derecho de Autor de 1952, la Declaración de los Principios de la Cooperación Cultural Internacional de 1966, la Convención sobre las Medidas que Deben Adoptarse para Prohibir e Impedir la Importación, la Exportación y la Transferencia de Propiedad Ilícitas de Bienes Culturales de 1970, la Convención para la Protección del Patrimonio Mundial Cultural y Natural de 1972, la Declaración sobre la Raza y los Prejuicios Raciales aprobada por la Conferencia General de la Unesco en 1978, la Recomendación relativa a la condición del artista de 1980 y la Recomendación sobre la Salvaguardia de la Cultura Tradicional y Popular de 1989.

(2) Definición conforme a las conclusiones de la Conferencia Mundial sobre las Políticas Culturales (MONDIACULT, México, 1982), de la Comisión Mundial de Cultura y Desarrollo (Nuestra Diversidad Creativa, 1995) y de la Conferencia Intergubernamental sobre Políticas Culturales para el Desarrollo (Estocolmo, 1998).

Fecha adopción 2001

SOBRE LA AUTORA

Myrtha B. Casanova nació en Cuba. Exiliada política a la llegada de Fidel Castro, participó activamente en el movimiento de recuperación de la patria que fracasó en Bahía de Cochinos. Ha vivido y trabajado en América y Europa. Habla 5 idiomas y padece de dislexia. Enviudó de José María Barguñó Grau a los 42 años y tiene 2 hijos y 6 hijastros.

Myrtha es doctora en Filología Inglesa y Francesa por la Universidad de La Habana, técnica publicitaria, por la Escuela de Ingeniería Industrial de Madrid y Programa de Alta Dirección de Empresa (PADE) por el IESE Business School.

Es fundadora del Instituto Europeo para la Gestión de la Diversidad que investiga y da apoyo en la implantación de política estratégica de gestión de la diversidad en regiones y ciudades, así como en empresas e instituciones.

Creó los Chárteres para la Diversidad en la Unión Europea cuyo objetivo es la difusión a empresas e instituciones de las Directivas del 2000, de igualdad de oportunidades e inclusión de la Unión Europea.

Es profesora de Business Management, Policy and Strategy en la European University; creó el MBA en Diversity Management de ESADE y es ponente en el MBA en Diversidad de la Universidad de Cádiz.

Además, Myrtha B. Casanova fue cofundadora de la compañía multinacional Stanhome de marketing directo en España, que ayudó a más de 50 000 mujeres a desarrollarse profesionalmente, y Officer del Grupo Naisbitt de tendencias y prospectiva en Europa. Desde C.E.S.A impulsó 42 proyectos transnacionales de los fondos estructurales y sociales en la UE.

Patrocina Artistas Diversos, asociación sin ánimo de lucro cuya misión es dar visibilidad e impulsar la inclusión social y profesional de artistas con discapacidad.

Reconocimientos

- Presidenta de la European Women Management Development Network y miembro del Lobby de la Mujer de la Unión Europea.
- Nominada *Una Mujer para Europa* en 1996 por el comité británico del galardón.
- Nombrada Diversity Pioneer por la publicación *Diversity Profiles*, EE. UU.
- Elegida por votación popular Ministra de Trabajo y Seguridad Social en las elecciones TELVA de 2000, *Si las mujeres mandaran*.

- Premio de la Fundación ALARAES en la modalidad Innovación y Ensayo por la labor realizada a favor de la conciliación de la vida laboral, familiar y personal.
- Commissioner de The State of the World Forum y la Gorbachov Foundation de San Francisco en el 2007 por invitación de Jim Garisson.
- Premio ODAME a la mujer líder en diversidad y prospectiva en 2008.
- Diversity Legend por la American Federation of Diversity & Inclusion Professionals en 2010.
- Distinción Creu de Sant Jordi otorgada por la Generalitat de Catalunya.
- Consejo de Tendencias21 y Club SegleXXI.
- Premio de la Asociación EVAP por la divulgación de la diversidad en Europa.
- Nominada a Top100 mujeres influyentes en España por Mujer&Cia en 2013 y 2015
- Premio EVAP de Valencia, al impulso de la Inclusión de la Diversidad.
- Premio La Mujer del Año por la Asociación Temps de Dones por su contribución a una sociedad diversa e inclusiva.